〈村松英二コレクション〉

絵葉書でみる八王子市の100年

―― 八王子地域文化の再発見 ――

村 松 英 二

揺 籃 社

◀ 追分交差点から高尾方面を望む、八王子空中散歩

▶ 守ろう わがまち 八王子
八王子消防署記念絵葉書 平成29年（2017）

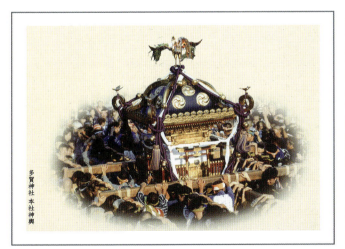

▲八王子まつり実行委員会発行絵葉書
「多賀神社（宮神輿）千貫神輿」
　市指定有形文化財で、明治15年（1882）、東京浅草において建造。江戸様式の遺構を残す高度な技術が駆使されていて、三輪御所車も併存されている貴重な大神輿です。総重量約4000kg、高さ2.5mは都内では最大級です。戦前期にも一時担がれていましたが、昭和53年（1978）の大修理以来、担ぎ渡御の勇壮な姿は圧巻です。市制100周年を記念として、平成29年（2017）には「台棒」を新調し、盛大なお披露目が行われました。

▲八王子まつり実行委員会発行絵葉書
「八幡八雲神社（宮神輿）」
　戦前期まで、7月に行われる八雲神社祭礼は、浅川で神輿の川渡御が行われるほどの盛大な祭礼でしたが、昭和20年（1945）8月の八王子大空襲で焼失。戦後しばらく再建されずにいましたが、平成元年（1989）になって建造されました。平成14年（2002）より、氏子青年会を主体に担ぎ渡御が行われています。

◀左・日吉町の山車（側面）
　市指定有形文化財。大正8年（1920）建造。四つ棟造り形式の山車。宮大工＝小澤美之吉、彫工＝佐藤光重
右・八木町の山車
　市指定有形文化財。伝大正3年（1914）建造。二層鉾台形式の山車。「大鷲」がシンボル。宮大工＝萩原左文治、彫工＝佐藤光重。側面に八王子唯一の脇障子上部に唐破風屋根付。旧山車はあきる野市五日市伊奈へ譲渡。町会紋「天穂日（あまほひ）」

▲左・元横山町の山車
　市指定有形文化財。大正11年（1922）建造。八つ棟造りの山車。神社の拝殿にあるような堂宮形式。宮大工＝小澤美之吉、彫工＝佐藤光重。彫刻が精細で素晴らしく、佐藤光重会心の作と呼ばれています。
右・八幡上町（旧三・四丁目）の山車
　市指定有形文化財。明治14年（1881）山車改修。一本柱建て人形山車。欄間彫刻に、本所鈴木久次郎の名がみえます。大正4年（1915）に大改修。彫工＝佐藤光重、弟の佐藤明誠。町会紋「鞍馬（くらま）」

▶中町の山車
　市指定有形文化財。大正9年（1920）建造。二層鉾台形式の山車。宮大工＝小澤美之吉、彫工＝佐藤光重。山車人形は佐藤光重作の「諫鼓鳥（かんこどり）」

▲本町の山車
　市指定有形文化財。昭和6年（1931）建造。三層鉾台形式の山車。宮大工＝小澤美之吉、彫工＝東京清澄・池田信之。平成14年（2002）に山車人形「浦島太郎」を105年ぶりに新調。さいたま市岩槻の人形師「清法」によるもの。

▲上八日町（旧三・四丁目）の山車
　昭和60年（1985）建造。八王子大空襲によって焼失した山車を復元竣工（戦後初）。二層鉾台形式の山車。新潟県村上市の伽藍師、細野實氏ほか作。旧山車の人形「素盞嗚尊（すさのおのみこと）」は明治16年（1883）の原舟月作で、人形の「頭」部分及び衣装が戦災を逃れ、平成13年（2001）に補修。

◀車人形　清姫　清姫道行の段
　江戸時代から伝わる伝統人形芝居の「八王子車人形」は、国・選択無形民俗文化財・東京都指定無形文化財です。西の「文楽」が大阪の上方都会的な風土芸能とするならば、八王子車人形は、織物産業を基盤として展開し、四代・五代西川古柳によって芸術的に高められた伝統芸能です。埼玉県飯能市出身の初代西川古柳氏により創始されました。当初、3人で操る人形だったものに改良が重ねられ、3つの車がついた箱形の車に腰掛けて1人で操る一人遣いへと進化していきました。他に類を見ない、特殊な一人遣いの人形芝居です。現在は西多摩郡奥多摩町川野と埼玉県入間郡三芳町の竹間沢にも車人形はあり、八王子では西川古柳座のみの一座で、地元のみならず、世界各国で公演を行っています。

▶武蔵野陵
　昭和64年（1989）1月7日、昭和天皇（第124代）の崩御により、武蔵野陵が造営されました。御陵名の由来は、武蔵野は古く万葉集にみられ、さらに自然を愛された昭和天皇が、御製に「武蔵野」をお詠みになられたことから定められました。平成元年4月17日起工、平成2年1月6日竣工。

◀工学院大学開校記念　昭和38年（1963）4月
　平成29年（2017）に創立130周年を迎えた歴史ある工学院大学は、昭和38年（1963）4月、八王子市内初の大学として八王子キャンパス校舎を中野町に開校しました。東京ドーム5個分の面積を誇り、大規模な研究棟などが整備されている大学です。

『絵葉書でみる八王子市の100年』の刊行を祝して

元・八王子市市史編さん室長　佐　藤　　広

　著者の村松英二さんは、子どものころから御父君の影響で地域や地域の歴史に関心を持たれてきました。
　そして、2011年には『村松英二絵葉書コレクション展　古絵葉書にみる八王子の歴史　失われた史跡・名所・建造物の情景』を刊行し、地域の歴史や伝統文化に関心を寄せる市民の間では彼の名はよく知られています。様々なイベントなどで自ら蒐集した写真絵葉書を快く提供され、地域貢献もされています。
　こう申し上げると、面識のない方は村松さんのことを、年配の方と思うかもしれません。しかし、彼はまだ三十代なのです。
　さて、本書は、八王子市市制100周年を記念した自主的な市民活動の一環としての出版です。八王子市では、市制90周年の時に八王子市史の編さんを企画し、10年の歳月をかけて全14巻の『新八王子市史』を刊行いたしました。市独自の100周年記念事業としては最も大きな事業でした。その編さん過程で、『八王子市史叢書5　八王子写真民俗誌』（國學院大學教授　小川直之民俗部会長）を刊行し、私も『新八王子市史　民俗編』のなかの「八王子市民俗関係文献目録」に「写真・画集」の項目を設定し、市民の皆様の写真などの画像に関する文献を記しました。このように、市でも歴史資料としての画像（写真や絵葉書を含む）の重要性を把握しています。
　村松英二さんの本書の御出版は、今日の学術研究の動向と軌を一とするもので、この分野における新たな市民活動の流れを生む貴重な行為です。若い村松さんが、さらに学術研究や地域研究に触れて研鑽をつまれ、八王子市における画像資料の保存・活用のリーダーとして御活躍されることを期待しています。
　八王子市には、膨大な歴史資料が集積されています。これからは、市民・研究者・行政・学校などが一体となって集積された資料をデジタル化やデータベース化し、一般市民が活用できる環境を整える時期が来たのではないでしょうか。生涯学習、学校教育、まちづくり、観光行政などで相互に連携し、多様で膨大な歴史資料を多くの市民が活用することによって、教育文化の質の高い都市に八王子市が発展していくはずです。
　こうした折、写真絵葉書を軸にした本書の出版はタイムリーであり、村松英二さんの益々のご活躍をお祈りし、お祝いの言葉といたします。

八王子市市制100周年記念
『絵葉書でみる八王子市の100年』の出版にあたって

　わが八王子市は、大正6年（1917）9月に南多摩郡八王子町から三多摩地域で初の市、八王子市となり、めでたく満100年を迎えました。市や市民の間では、「百年の彩りを　次の100年の輝きへ」と題して、多彩な祝賀記念イベントが催されました。

　この記念すべき年に、私はこれまで蒐集してきた絵葉書を用いて、主として大正6年（1917）から平成29年（2017）までの間に発行されたものに解説を付して本書を上梓することにいたしました。

　刊行の目的は、第1に、八王子市域周辺における新たな歴史資料を発掘し明らかにすること、具体的には、写真絵葉書を書物や雑誌・論文の脇役や挿絵ではなく、地域の変遷を明らかにする歴史資料の主役として再認識することです。第2に、子どもや大人でも、だれもが理解しやすい絵葉書から八王子市の主なる近現代の変遷を知っていただきたい、ということです。

　私は、十数年前から八王子市に関する絵葉書を全国から求め、コレクションしてきました。親から子、子から孫へと伝え残されてきた八王子市域の絵葉書のうち、この街の100年、つまり大正・昭和・平成の各時代の変遷が把握できる絵葉書を、本書に厳選して掲載しました。

　特に、近代文明の"華"といえる西洋伝来の写真技術を基礎に製作された古い写真絵葉書は、その時代時代の"真実を映す鏡"としてみることができます。八王子市においても、写真絵葉書等から地域の基幹産業としての織物業や、甲州街道に沿う横山町・八日町・八幡町の商業地など、近現代に発展した"地方都市としての姿"を垣間見ることができます。

　絵葉書の歴史をひもとくと、今から118年前の明治33年（1900）10月に、逓信省令によって私製絵葉書の発行が認められ、これ以後、絵葉書の製作が民間で容易となりました。そして各地の写真館や業者、商店主、個人が、名所・年賀・美人絵葉書などを発行するようになっていきます。当時、写真は普及しておらず、印刷発行された絵葉書が廉価で好まれました。街並、名勝、記念、文化財記録、商品販促用、祭礼、橋、人物などの多様な題材が、手彩色やエンボス加工、カラー印刷など、様々に趣向を凝らして発行されています。郵便制度（法律や宛名の罫線など）や行政制度、軍事郵便などにおける葉書様式そのものの変遷や、発行年月や発行所が記載された絵葉書、祭礼などの節目や周年行事の折に発行された記念絵葉書などからは時代の真実を明らかにすることができ、近年、絵葉書は見直されつつあります。

　大正や昭和の暮らしぶりを、実際に語っていただける方も数少なくなってまいりまし

た。今の暮らしにつながる昔に着目するには、誰がみても分かりやすい写真絵葉書等を通して、「温故知新〈故(ふる)きを温(たず)ねて新しきを知る〉」を実践することが大切だと私は考えます。さらには、歴史への関心を高める材料としても貴重な存在だと思います。

　数多くの歴史資料を発掘し、記録し、地域の歴史を知ることで伝統を重んじる……。今回は微力ではありますが、そんな「新たな八王子のまちづくり」の一環として、多くの市民の皆様にご高覧いだければ著者の本懐とするところであります。

　ここに関係者各位のご協力に深謝いたし、発刊のご挨拶とさせていただきます。

　市制100周年の記念すべき最後の月
　　平成30年（2018）3月

村松　英二

八王子の絵葉書の特徴

　現在の八王子市域を対象にした絵葉書は、高尾山を題材としたものが最も多く、昭和2年（1927）に多摩御陵が造営されると、多摩御陵への参拝者向けの絵葉書が数多く販売されました。

　八王子市では、絵葉書を写真館が発行するケースが多く見受けられます。神宮写真館、熊沢文華堂、安西喜笑堂、市川写真館、希望写真館、熊澤書店、八王子市文学館などです。写真館（絵葉書発行）の創業年などは一覧にすると下記のようになります。

昭和20年以前創業の絵葉書の発行元（写真館）一覧	
神宮写真館（横山町）	初代・神宮助五郎（S）氏が明治10年創業、明治21年に横山町に開業（八王子初の写真館）、2代目神宮稔介（T）氏、3代目神宮良之助氏が引き継ぎ、現在、5代目に至る（S、Tは写真台紙にプリントされた撮影者のマーク。Sは明治、Tは大正の目安となる）
文華堂（書店・横山町）	廃業
安西写真館・安西喜笑堂（八日町）	明治20年代創業、廃業
市川写真館（横山町）	初代市川宗三氏が明治期に創業、2代目市川英作氏、廃業
希望写真館	廃業

絵葉書および官製葉書表面変遷史

　私製絵葉書の登場は、明治33年（1900）、郵便制度を改正し、私製絵葉書発行が認可されたことによります。絵葉書の様式は、官製はがきの変遷を含むと、大別して右記8期に分けることができます。

・平成19年（2007）10月1日より、郵政民営化により郵政事業は郵便事業株式会社の管轄に入る
・平成24年（2012）10月1日より、日本郵便株式会社になったが、「郵便はがき」の名称はそのまま引き継がれた
・明治初期の葉書は木版や手書きによる肉筆絵葉書が中心
・やがて墨刷りと色刷りの石版画やエンボス型、コロタイプ印刷（写真印刷）や手彩へと変化
・大正・昭和期には、大量印刷可能なオフセット印刷や彩色多色刷り（写真に着色）に
・第2次大戦後、カラー写真印刷が主流となり、企業広告や案内といった商用などにも利用

1期	明治33年（1900）10月1日〜明治40年（1907）3月31日 罫線通信欄　線なし（きかは便郵〈右書き〉） 私製葉書認可は逓信省令42号第18条で許可され、同年9月18日逓信省告示、第358号で「私製葉書の製式が発布」	1期
2期	明治40年（1907）4月1日〜大正7年（1918）3月31日 罫線通信欄　3分の1線（きかは便郵便〈右書き〉） 明治40年3月28日逓信省令第6号より郵便規則中改正	2期
3期	大正7年（1918）4月1日〜昭和8年（1933）2月14日 罫線通信欄　2分の1線（きかは便郵〈右書き〉） 逓信省令第5号	3期
4期	昭和8年（1933）2月15日〜昭和22年（1947）5月14日 罫線通信欄　2分の1線（きがは便郵〈右書き〉）	4期
5期	昭和22年（1947）5月15日〜昭和41年（1966）7月3日 罫線通信欄　2分の1線（郵便はがき〈左書き〉） 逓信省告示第170号。20年の間に葉書代50銭から5円へ	5期
6期	昭和41年（1966）7月4日 郵政省告示522号により規格及び発行様式が、縦148ミリメートル、横100ミリメートルに	6期〜7期
7期	昭和43年（1968）6月1日 葉書上方に5ケタの郵便番号枠が入る	
8期	平成10年（1998）1月5日 7ケタの郵便番号枠を採用	

・上記変遷史は郵政博物館収蔵『逓信公報』『郵政公報』より作成

撮影地マップ
※撮影場所の同定できたもののみ記載

©国土地理院、地図センター

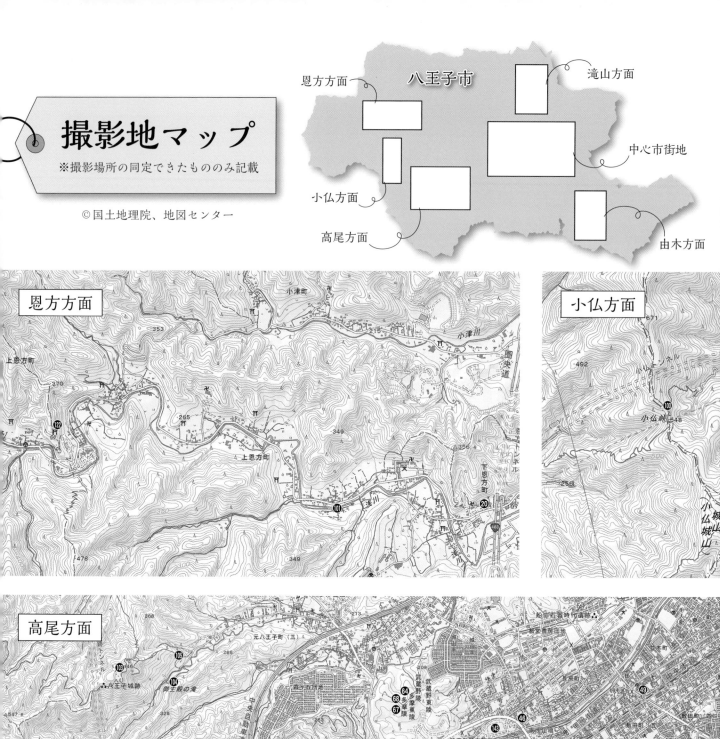

中心市街地

滝山方面

由木方面

目　　次

『絵葉書でみる八王子市の100年』の刊行を祝して
　　　　　　　　　　　　　　　　　　　　　元・八王子市市史編さん室長　佐藤　　広
八王子市市制100周年記念　『絵葉書でみる八王子市の100年』の出版にあたって
　　　　　　　　　　　　　　　　　　　　　　　　　　　　　　　　　　村松　英二
八王子市の絵葉書の特徴
絵葉書および官製葉書表面変遷史
撮影地マップ
目　次
凡　例

1	市街・街並	1
2	公共機関	7
3	鉄道・駅	15
4	神社仏閣	24
5	名所・旧跡	35
6	学校・教育	43
7	織物となりわい	48
8	まつり	53

八王子市100年略年表（大正6年〜平成29年、1917年〜2017年）　　　　　56
参考文献　　　　　　　　　　　　　　　　　　　　　　　　　　　　　60
絵葉書等蒐集寄贈者および協力者機関一覧　　　　　　　　　　　　　　61
著作権などについて　　　　　　　　　　　　　　　　　　　　　　　　61
お願い　　　　　　　　　　　　　　　　　　　　　　　　　　　　　　61
あとがき　　　　　　　　　　　　　　　　　　　　　　　　　　　　　62

・題　字＝金剛院二十二世　山田一眞院主
・表　紙＝八王子市発行絵葉書　八王子駅北口ロータリー（昭和39年）
・裏表紙＝八幡町二丁目付近から東を望む（大正14年頃）

凡　　例

・本書は、八王子市市制100周年を記念して発行しました。
・本書の掲載絵葉書に関しては、すべて原本を蒐集し、コレクションしたものです。鉄道関係絵葉書の部分には、時代の変遷が理解しやすいように地図を付しました。
・絵葉書はすべて原本を画像スキャンしておりますが、一部汚れや傷みなどが著しい場合は画像を加工しているものがあります。
・絵葉書は権利関係が不明確のものがあります。ご不明な点がありましたら本書の発行所までご連絡ください。
・本書に登場する人物は、便宜上敬称を略させていただきました。
・本書の一部および全部を無断転載することを禁じます。

① 八幡町二丁目付近より八王子駅方面　大正14年頃

② 八日町三丁目付近から八王子駅方面を撮影　大正時代

③ 八日町一、二丁目　昭和14年

④ 夜の横山町三丁目　昭和初期

（八王子市役所発行）

　①〜④の絵葉書にみえる甲州街道（国道20号線）は、昭和20年（1945）8月2日未明の八王子大空襲によって市街が焼け野原となり、8月15日の終戦を迎えたのち、9月12日に八王子市において初の戦災復興委員会を開催した折に道路計画、住宅計画などが協議されました。昭和21年（1946）の八王子復興都市計画街路によると、区画整理に伴い、八王子駅北口前の道路幅員や、大横町から台町間幅員道路を50m位（実際は25m）、甲州街道においては36mの幅員拡張構想などがありましたが、4回の変更で大幅に減少し、現在の22mに至ります。

　実際の区画整理は、甲州街道の南北両サイドの建造物は約一間幅（1.81m）位がセットバックされたことからみると、従来の歩道部分と含めると江戸時代からの横山十五宿の道路幅は約18mであったことが分かります。南北でそれぞれ2mずつ拡張され、計約4mほど拡張されました（現在の陣馬街道位の幅が絵葉書でみる従来の幅のイメージです）。

　③は、昭和14年6月頃、市電レール撤去後の敷石が残る八日町一、二丁目の街並み。現・デニーズ前付近より高尾方面に向けて撮影されています。

⑤ 浅川町通り　大正8年頃

⑥ 浅川町本通り　昭和初期

⑦ 小泉家屋敷　昭和51年

（八王子市教育委員会発行）

　浅川地区は、元は、上椚田村、上長房村となっており、明治22年から町村制によって、現在の高尾・裏高尾・南浅川・東浅川・初沢の地域（旧上椚田村・旧上長房村）が浅川村となりました。昭和2年の町制施行によって、浅川町となり、昭和34年（1959）4月1日、八王子市に合併されました。
　⑤の絵葉書には高尾山の遊覧スタンプが押されています。

　東京都有形民俗文化財。昭和51年（1976）、八王子市教育委員会発行の絵葉書。八王子市の中で南部に位置する由木地区は、江戸期以来の養蚕地帯で、中でも鑓水から数多くの生糸の仲買商人が生まれました。江戸時代末の横浜開港以来、外国人の遊歩区域が多摩川付近までとなっていたことから、ベアトが鑓水風景を撮影しているなど、外国人も訪れていた地域です。幕末から明治の初めは、生糸集積地の八王子と横浜を結ぶ浜街道（八王子往還道路）が通っていました。この鑓水付近で昭和50年まで、約100年の間、13名で共同利用されていた八王子最古の「水車小屋」（板木水車・松材で製作）がありました。それを模したレプリカが、現在、小金井市桜町にある江戸東京たてもの園に保存されています。

市街・街並 1

⑧ 追分交差点　昭和37年

（八王子市役所発行）

⑨ 八王子駅北口　昭和39年

　⑧の追分交差点の絵葉書には歩道橋がありません。中心には、昭和33年（1958）より設置された都下初の水銀街路灯がみえます。旧第一歩道橋は、昭和42年（1967）4月3日、甲州街道および甲州街道バイパスに開設されました。これは、八王子市設としては初の歩道橋でした。昭和45年（1970）2月10日、甲州街道と陣馬街道にかかる第二歩道橋が完成。その後、老朽化のため、平成19年（2007）に「追分交通問題協議会」によって歩道橋の改善要望があり、検討会にて議論を重ね、改良案としてコの字型が採用されました。そして50年の時を経て、平成29年3月4日、2代目の新たな歩道橋、「追分いちょう橋」に生まれ変わりました。

　⑨には、昭和35年（1960）以来、八王子織物産地買継商業組合（昭和29年設立）の寄贈によって八王子駅前に設置された「織物の八王子」塔がみえます。これは、駅北口再開発事業によって、平成7年（1995）11月に解体撤去されました。ロータリーや地下駐車場建設と併せて、八王子駅北口の2階部分に歩行者専用通路（ペデストリアンデッキ）が建設、整備されました。デッキには塔に替わり、絹の反物をモチーフとした虹色の板がお目見えしました。八王子城を模した給気塔と、風に舞う絹織物をイメージしていて、まさに「絹の舞」といった風情です。デッキは「マルベリーブリッジ」と名付けられました。

⑩ 陸軍特別大演習記念地図絵葉書
大正10年11月

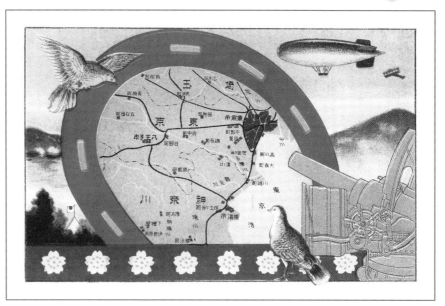

（東京府発行）

⑪ 八王子市制施行祭
大正6年10月2日

⑫ 八王子市制祝煙火大会
大正6年10月2日

⑬ 八王子市制祝煙火大会
　　大正6年10月2日

⑭ 八王子市制祝煙火大会
　　大正6年10月2日

　⑪〜⑭は、「全国煙火大会　絵葉書4枚セット」（市川英作撮影・市川写真館発行、10月2日撮影）です。

　東京湾の高潮で浅川が増水したため、10月1日に予定されていた花火大会は中止となり、翌2日に開催されました。市制施行は、正式には大正6年（1917）9月1日で、同日に第一尋常小学校（現在の市立第一小学校）にて祝賀会が行われ、夕方からは千人町から明神町で提灯行列が行き交いました。その他、自転車大競走会などの様々な行事が行われたそうです。

　⑪の提灯に見られる八王の徽章は、大正6年12月22日に図案を一般公募し、後の第4代八王子市長となる秋山文太郎氏考案のものが正式に選ばれました。

　八王子町から市へと移行する話は、明治34、5年頃まで遡ります。大正4年に市制施行となる予定でしたが、諸事情で延期となり、準備期間を経て大正6年となりました。関東で8番目、東京府下では東京市に次いで2番目の市となりました。⑩にある通り、東京近郊では、東京市、横浜市に次ぐ第3の市でした。

　市制施行時の八王子市の人口は、42043人、戸数は7126戸で、当時商業に携わる人口は31％、戸数で36％、4年後の大正10年（1921）になると、42％、戸数で43％となり、市民40％以上が商業に携わっており、増加の一途となっていったことがわかります。

　町制から市制に至るまでには幾たびの困難がありました。特に八王子町場の地所に旧大字・小字などの地番が混在し、あちらこちらで飛び地が数多く存在していました。地番改革が急がれ、明治末年に発行された「八王子町地図」や新旧対照表などをみると、改革の様子がよく分かります。また、町制時代より人口増加に伴う公衆衛生への対応が急務でした。さらに、織物産業などの設備機械の近代化によって大規模な工場建設が増え、同時に電力や水道などのインフラも急ピッチで整備されていきました。

　これらの事案が複合的に絡まり、市制へと前進していったのです。

⑮ 初代旧市役所（八幡町時代）　大正13年8月

⑯ 八王子市産業品評會記念

大正十三年八月
八王子市産業品評會記念繪葉書
協賛會發行

（協賛会発行）

⑰ 仮市役所（旧四小時代、現・天神町公園）　昭和5年頃

（八王子市役所発行）

　旧㈱七十八国立銀行（明治31～42年）の解散後の建物を八王子町役場として利用していましたが、大正6年（1917）9月、市制施行によって町役場が初代市役所となりました。地上2階のこの建物は、明治32年（1899）の建設です。設計者は伊東孝吉（映画美術家の伊藤喜朔の父）で、当時としてはモダンなレンガ造りの洋式建築でした（⑮、⑯）。

　昭和5年（1930）6月、市役所は天神町の旧四小校舎へ仮移転（⑰）。2代目となる市役所は、昭和12年10月20日、仮市役所の地に国会議事堂風の新庁舎として完成し、11月1日より事務を開始します。ただ、この建物は戦災で消失してしまいました。

公共機関 2　八王子地域文化の再発見

⑱ ３代目市役所（本町時代）　昭和31年

（八王子市役所発行）

⑲ 市民会館新築落成記念消印　昭和37年

　昭和31年（1956）に撮影の八王子市庁舎（⑱）。大井競馬の益金の一部も用いて建設されました。現在、同地には「いちょうホール」があります。

　⑲は八王子市民会館の新築落成を記念する消印です。市民会館は昭和37年（1962）10月1日に開館しました。旧都立第二商業の跡地および市立中央高校跡に建設され、大規模ホールがあり、当時としては都内最大級でした。現在では、サザンスカイタワー内に新市民会館が建設され、こちらは解体されています。

⑳ 恩方村役場　大正時代

　恩方村はもともと、上恩方村、下恩方村、西寺方村、小津村の４つの村でした。明治22年（1881）の市制・町村制施行によって恩方村となりました。その後、昭和30年（1955）4月に八王子市と合併し、恩方村は消滅します。しかし、旧村名が各地域の町名として残っています。

㉑ 元本郷浄水場　昭和初期

（八王子市役所発行）

㉒ 明神町浄水場　昭和26年頃

㉓ 明神町第2取水場　昭和26年8月頃

　明治30年（1997）の大火以後、水道の必要性が叫ばれるようになります。大正6年（1917）に市制が施行されると人口は増加し、公衆衛生はもちろん、織物産業や工場建設のためにも上水道の整備の必要性が高まりました。そして昭和3年（1932）9月1日に元本郷町に浄水場が完成しました（㉑）。

　大正12年（1923）の関東大震災で市街地が一部被災し、これを機に水道敷設の機運が再び高まりました。大正14年に市議会で「上水道敷設の件」が可決されると、北浅川と南浅川の合流地点を水源地として、散田町の平塚山（現水道山）に配水用の土地を造り、自然流下のしくみを用いて市街地各家庭に供給する仕組みを採用しました。

　大正15年11月20日に上水道工事の起工式が行われます（当時の計画給水は6万人を想定）。昭和13年（1938）6月19日には、元本郷浄水場に新設の減菌機が完成しました。

　終戦後、断水対策と人口増加による給水需要に応えるため、八王子市水道第1期拡張工事が計画されました（昭和25〜26年度）。㉒、㉓の絵葉書は、昭和25年9月に計画着工され、昭和26年8月に竣工されたときのものです。この応急措置により、水不足の難関を乗り越えました。

公共機関 2

八王子地域文化の再発見

㉔ 八王子商工会議所（本町） 昭和7年3月10日

㉕ 八王子商工会議所（本町） 昭和7年3月10日

　明治27年（1894）8月17日、八王子商業会議所が設立され、第三十六国立銀行の頭取である吉田忠右衛門が初代会頭となりました。当初、事務所は上野原（現・上野町・天神町）に置かれました。全国では41番目の商業会議所で、関東地区では東京・栃木・宇都宮に次ぐものでした。電話の架設や工事に尽力したことから、電話番号は2番が与えられています。昭和3年（1928）1月、八王子商工会議所と名称変更。

　㉔と㉕は、昭和7年3月10日、本町66番地に旧建物を移転し、その南側に新たに新館を新築した時の記念絵葉書です。

㉖ 八王子郵便局電話分室（八日町） 昭和3年

　八王子郵便局は、明治24年（1891）6月1日に、八王子電信分局から八王子電信郵便局に改称。明治35年に横山町二丁目に移転し、明治36年4月1日に現在の名称に変更されています。

　八王子電話局は、明治42年（1909）3月1日、平林定兵衛ほか136人の発願によって開局。電話交換業務としては三多摩では初で、平林が局舎及び横山町にある敷地を無償寄付したことで開業にこぎつけました。開業当初の架設数は137本でした。

　電話番号は、1番＝八王子郵便局（八王子郵便局）、2番＝八王子商業会議所（八王子商工会議所）、3番＝八王子町役場（後の八王子市役所）、4番＝八王子電燈（東京電燈と合併。後の東電）から163番までありました（80～99は除外）。

　㉖の絵葉書は、昭和3年（1928）3月18日に、八日町2番地（旧NTT、旧ポピンズ、現・かごの屋）に新設された八王子郵便局電話分室の開室記念のもの。㉗にあるように、共電式による電話交換業務を担ったのは女性たちでした。

㉗ 八王子郵便局電話分室（八日町） 昭和3年

　八王子の電力の発祥は、八王子電燈㈱が明治28年（1895）4月に創立され、浅川村上長房摺差（するさし、現・裏高尾町）に水力発電を設けたことにあります。小下沢（こげさわ）に堰を作り、山中の水路で摺差まで引きました。同地にはダイナモという発電機の小屋があり、高さ2mもあるレンガ壁が近年まで残されていたそうです。明治29年5月、市内で初めて大横町に灯りを灯しました。

　火力発電所設立や買収合併などの紆余曲折を経て、明治40年に東京電燈㈱が買収。営業エリアの八王子町、横山村、浅川村を管轄すべく、八王子営業所が八日町三丁目に開設されました。さらには、平岡町に変電所を設けて同年10月に送電を開始しています（㉘）。

㉘ 電気・八王子配電所（平岡町付近） 大正時代

　一方、東京電燈㈱水力発電所（現・東電の前身）は、明治41年11月1日、駒橋発電所（現・大月市、現・東電）が完工されると、スイスのエッシャー・ウイス社より購入した明治37年製のフランシス水車を用いて、15000kwの高電圧を、76km離れた早稲田まで長距離送電しました。当時、我が国の電気史上最大規模を誇ったとされます。

　当時8基での発電量を誇り、ここで発電した電力が、都留、梁川、上野原、小仏、八王子、多摩川、立川、吉祥寺を経て早稲田の変圧所へ送電されました。電気は普段目でみることがありませんが、それぞれの配電所・スイッチステーションの変遷によって歴史を知ることが可能です。

公共機関 2 — 八王子地域文化の再発見

㉚ 紀元二千六百年記念スタンプ　昭和15年

㉙ 多摩八王子競馬大会スタンプ　昭和12年

多摩八王子競馬大會記念スタンプ

使用郵便局　八王子郵便局同競馬場内臨時出張所

使用期間　自昭和十二年八月十四日　至同會期中

圖案　競走馬と馬蹄を描く

　競馬は当初、「お祭り競馬」「旗競馬」などと呼ばれていました。スタートの合図として旗を振るところからこう呼ばれるようになったとか。

　八王子競馬の草創は、旧小宮村（町）西中野（現・中野上町）の第二中学校周辺であり、２中新築までは１周1200mの走路が残っていたそうです。初期の頃は公営ではなく、八王子畜産組合や八王子中野青年有志による「八王子中野大競馬會」が計画されました。片倉製糸場前付近に馬券売り場があり、大いに賑わいをみせていました。

　昭和３年（1928）11月５～９日、多摩八王子競馬會が第１回多摩八王子競馬を開催。昭和９年（1934）11月１日、高倉町に移転。戦後、都営・市営を経て、昭和24年12月に閉場となりました。跡地には昭和51年（1976）に八王子東高校が開校されました。㉙の記念スタンプは、昭和12年に開催された多摩八王子競馬大会を記念したものです。

　明治５年（1872）に明治政府が、神武天皇が即位した年を古事記と日本書紀の記載から西暦紀元前660年と決定し、その年を皇紀元年としました。紀元2600年に当たる昭和15年（1940）に八王子市では、多摩御陵へ山車を曳行（えいこう）して祝賀しています。㉚のスタンプには紀元二千六百年記念と記されていて、さらに２月11日とあります。これは戦前では「紀元節」と呼ばれ、神武天皇の即位日とされています。

　ちなみに、昭和天皇誕生日の４月29日は「天長節」で、この日や紀元節になると、戦時下の各学校に造営された奉安殿より御真影や教育勅語がお出ましになりました。そして校長が教育勅語を読みあげるのが通例でした。

㉛ 早朝の非常召集訓練（軍事郵便）
　　昭和10年代後半

（八王子市役所発行）

㉜ 国防婦人会八王子支部（軍事郵便）
　　昭和10年代後半

（八王子市役所発行）

㉝ 市電廃止後の八王子横山町三丁目
　　昭和10年代後半

（八王子市役所発行）

　八王子市の警防団は、6つの分団に編成されていました（㉛）。各分団は各町会ごとに訓練することはもちろん、警護、警報、防火、交通整理などの任務もあり、各町会には避難所も設けられていました。昭和17年（1942）3月5日、市内で初の空襲警報を鳴らし、非常事態に備えた訓練を行っています。

　㉜のスタンプに、愛国婦人会八王子市分会とみえます。市制施行の年（大正6年）に分会ができると、部隊送迎、留守宅慰問、陸軍病院の勤労奉仕、廃品回収、授産場の軍需品作製など、婦人たちが広く活躍していました。左の旗にある大日本国防婦人会八王子支部が設けられたのは昭和11年です。

　㉝は、武蔵中央電鉄の市電レール撤去後の甲州街道の街並みを知る上で貴重な絵葉書です。右側に、ふだんぎ運動で知られている、市内楢原町出身の橋本義夫氏（1902〜1985）が経営していた書店「ようらん社」が写っています。ようらん社は戦前、八王子の文化サロン的な場所でした。

公共機関 2

八王子地域文化の再発見

㉞ 五日市銀行八王子支店（大横町）
昭和初期

㉟ 武陽銀行八王子支店新築記念
（八日町）昭和2年8月

㊱ 川崎銀行八王子支店（八日町）
昭和初期

　㉞の五日市銀行八王子支店は、明治37年（1904）7月に大横町に設立された銀行で、大正13年（1924）9月5日に㈱第三十六銀行と合併、㈱第三十六銀行大横町支店となりました。第三十六銀行は昭和17年（1943）5月、日本昼夜銀行となり、のちに安田銀行、富士銀行と変遷していきます。

　㉟の武陽銀行は昭和2年（1927）8月、八日町にて開業。もとは本店を青梅に置き、西多摩郡の青梅地区の7行の合併によってできた金融機関で、各地に支店網を持っていました。さらに北多摩地区の調布・田無銀行などと合併・買収を繰り返し、昭和17年（1943）5月、日本昼夜銀行に、さらに翌年4月には合併により安田銀行八王子支店となりました。現在はみずほ銀行八王子支店。

　㊱の川崎銀行八王子支店は、大正4年（1915）12月20日開業（当初は八日町三丁目に開設）。本店は東京日本橋檜物町で、明治7年の創業当時、合資会社川崎銀行として川崎八右衛門が創業した支店の一つです。大正14年2月に八日町の、現在の三菱東京ＵＦＪ銀行八王子中央支店がある場所に引っ越しました。昭和2年（1927）9月15日に第百銀行と合併、川崎第百銀行八王子支店に。昭和11年（1936）9月14日、川崎銀行八王子支店と合併。11月11日、業務継承し、第百銀行八王子支店と改称。昭和18年4月、三菱銀行と合併。戦後、いくつもの変遷を経て、三菱東京ＵＦＪ銀行八王子中央支店となっています。

　平成30年（2018）4月1日より、三菱ＵＦＪ銀行へ社名変更となりました。

㊲ 2代目八王子駅　大正時代

㊳ 3代目八王子駅
昭和13年

㊴ 八王子駅変遷図

㊵ 3代目八王子駅
昭和13年

鉄道・駅 3

㊶ 4代目八王子駅　昭和40年代

「中央線八王子駅」　昭和40年代（1960年代）　旭町　提供・八王子商工会議所さん

4代目八王子駅舎　概要
昭和26年（1951）11月着手
昭和27年（1952）4月15日完成
設計　東京鉄道管理局建築課
施工　㈱中野組、東京鉄道工業㈱
建物構造　鉄骨鉄筋コンクリート造、一部コンクリートブロック造
建築面積　869㎡（平屋689㎡、上屋180㎡）

甲武鉄道八王子停車場および中央線八王子駅年表

- 明治22年（1889）8月11日――甲武鉄道八王子停車場は甲武鉄道立川―八王子間開通と同時に開業。駅は現在の八王子市保健所や旧都立繊維試験場跡地、八王子合同庁舎付近に位置
- 明治25年（1892）6月――鉄道布（敷）設法発布
- 明治29年（1896）5月――中央東線（官設鉄道）の実測着手、12月に八王子―甲府間起工
- 明治33年（1900）3月――私設鉄道法公布により、主たる私設の鉄道が順次国有化
- 明治34年（1901）8月1日――八王子―上野原間開通により、現在の八王子駅があるところよりおよそ150m西側の地点へ移動
- 明治39年（1906）10月1日――甲武鉄道国有化。時事新報汽車博覧会開催
- 明治41年（1908）9月23日――横浜鉄道線が東神奈川駅―八王子駅間で開通
- 明治42年（1909）10月12日――路線名称設定に伴い、国有鉄道は中央東線に
- 明治43年（1910）4月1日――内閣鉄道院が横浜鉄道線を借り上げ。鉄道院八濱線（はっぴんせん）に
- 明治44年（1911）5月1日――中央西線宮ノ越―木曽福島間延伸開業に伴い、中央東線が中央本線全通
- 大正6年（1917）10月1日――横浜鉄道線が国有化、国鉄横浜線に。㊲はこの頃の絵葉書
- 昭和5年（1930）12月20日――中央本線の立川―浅川間が電化
- 昭和6年（1931）4月19日――中央線電化延長祝賀会が富士森公園にて催行
- 昭和6年（1931）12月10日――八高線全通
- 昭和12年（1937）――中央本線の複線化に伴い、八王子駅は現在地に移設
- 昭和13年（1938）8月4日――3代目となる新駅舎完成（㊳、㊵）。設計は土橋長俊。6日にホーム利用開始
- 昭和20年（1945）8月2日――八王子大空襲にて焼失。3日に運転再開、5日には全面開通。10月6日、仮駅舎竣成
- 昭和24年（1949）4月1日――南口開設
- 昭和27年（1952）4月15日――4代目新駅舎竣成（㊶）
- 昭和42年（1967）7月3日――中央線に特別快速電車誕生（高尾―東京間60分、八王子―新宿間38分）
- 昭和46年（1971）12月23日――日本オイルターミナル八王子営業所開所
- 昭和58年（1983）11月――5代目の駅舎、ターミナルビル「八王子NOW（ナウ）」竣工
- 昭和62年（1987）4月1日――国鉄分割民営化によりJR東日本・JR貨物の駅に
- 平成8年（1996）3月16日――八高線の八王子―高麗川間が電化
- 平成21年（2009）8月11日――開業120周年。記念式典が行われ、八王子市長が1日駅長に。また記念入場券なども発売
- 平成22年（2010）11月――2つ目の駅ビル「CELEO（セレオ）八王子」が南口にオープン

㊷ 東浅川宮廷駅　昭和初期

㊸ 浅川駅　昭和初期

　大正15年（1926）12月25日に大正天皇が崩御されると、御陵が南多摩郡横山村（現・八王子市長房町）に決定され、多摩御陵となりました。昭和2年（1927）1月31日、南多摩郡浅川村（現在の東浅川町）上椚田新地120番地の中央線上に東浅川宮廷駅ができました（㊷）。皇族方専用の御陵参拝用駅です。戦後、陵南会館として一般市民に開放されましたが、平成2年（1990）10月に焼失しました。

　浅川駅（現・高尾駅）は、明治34年（1901）8月1日、官設鉄道中央線が八王子から上野原間を開通した際に同時開業しています。初代駅舎は木造平屋建てで、当時はホームが現在と比べると大変低く、のちに積み増しされて、現在の高さになっています。その名残として、山梨方面・相模湖側の2番線ホームの端が他の部分より低位置に確認できます。よくみると、官設鉄道ならではの"赤レンガ積み"の遺構が残っているのが分かります。この赤レンガ積みは、旧道裏高尾方面にもいくらか確認できます。

　現在の高尾駅北口の、社寺建築風の木造平屋建て駅舎は、昭和2年（1927）2月、大正天皇が崩御した際の御大葬のときに、新宿御苑内に造られた宮廷臨時仮停車場より移築したものです（㊸）。昭和36年（1961）に浅川駅から高尾駅に改称しました。

　高尾駅のホームの屋根は、多種類の廃レールを再利用した柱に支えられており、現存するものとしては国産最古となる、明治35年製の官営八幡製鉄レールや、甲武鉄道発注とみられるレールも使われています。いまでは解説看板も掲げられていて、貴重な鉄道遺産となっています。また、3・4番線ホームには、太平洋戦争時の戦闘機による機銃掃射の弾痕跡が残る柱もあります。

㊹ 玉南電車・東八王子駅　大正14年

㊺ 玉南電鉄路線図

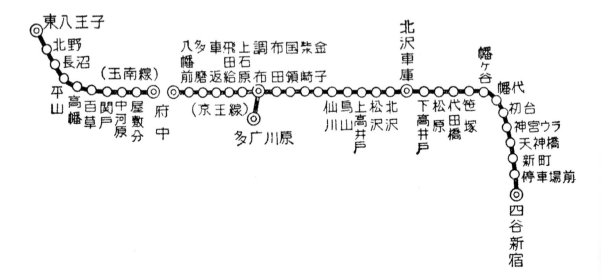

　玉南電気鉄道㈱は、府中から東八王子駅間を繋ぐ16.3kmの路線で、大正14年（1925）3月の開業です（㊹、㊺）。開業の来歴については、高幡不動尊に石碑が建てられており、沿革史を見ることができます。

　府中から新宿までは京王線が通っており、翌年の大正15年12月、両社の合併により直通運転となりました。

㊻ 御陵前駅　昭和初期

㊼ 御陵線路線図

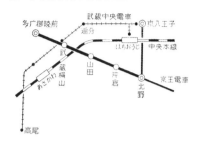

御陵線　（北野―多摩御陵前間）　6.4キロ

㊽ 御陵線開通記念絵葉書袋

御陵線開通記念繪葉書

㊾ 横山駅 御陵線開通記念　昭和6年

㊿ 御陵線特別ボギー車 御陵線開通記念　昭和6年

　京王電気軌道の御陵線は、昭和6年（1931）3月20日に、単線として北野―多摩御陵前間の6.4kmが全線開通しました（㊻、㊼、㊽、㊾）。全国から集まる大正天皇陵墓（多摩陵）の参拝客輸送のために建設された線で、昭和20年（1945）1月21日に不要不急路線として運行が休止。戦後も再開されずに廃止となりました。現在でも、一部橋脚などが残されています。

　御陵前駅は、昭和12年に多摩御陵駅と改称。㊿の車両は、鋼鉄製の特別ボギー車で、貴賓電車500号として存在感を示していました。

(51) 八日町を走る武蔵中央電気鉄道　昭和初期

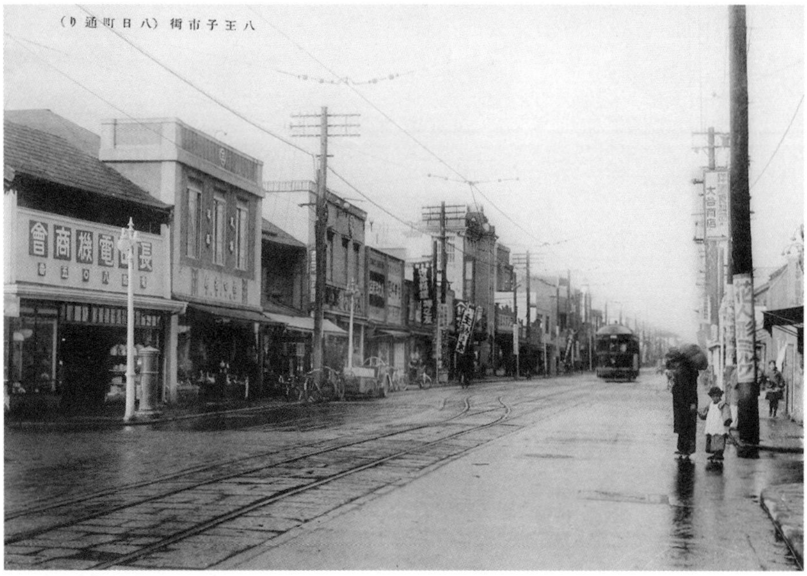

(52) 武蔵中央電気鉄道路線図

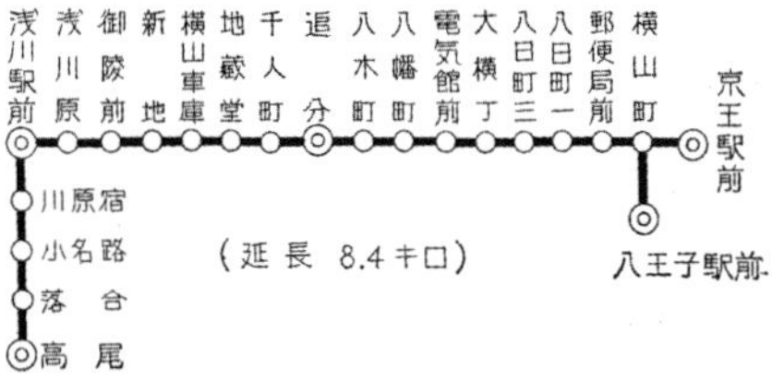

(53) 追分町を走る武蔵中央電鉄　昭和初期

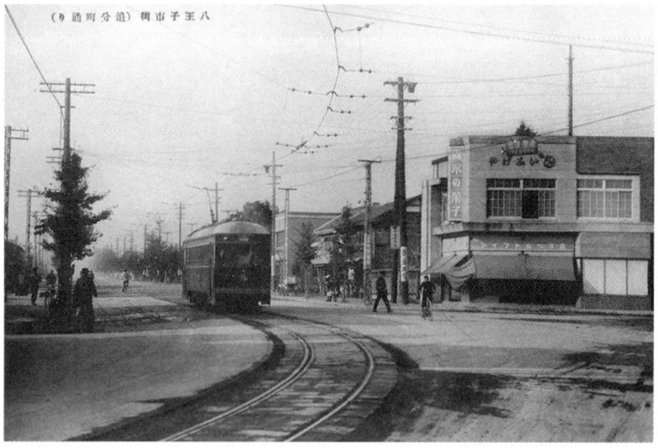

(54) 高尾山行き武蔵中央電鉄　昭和初期

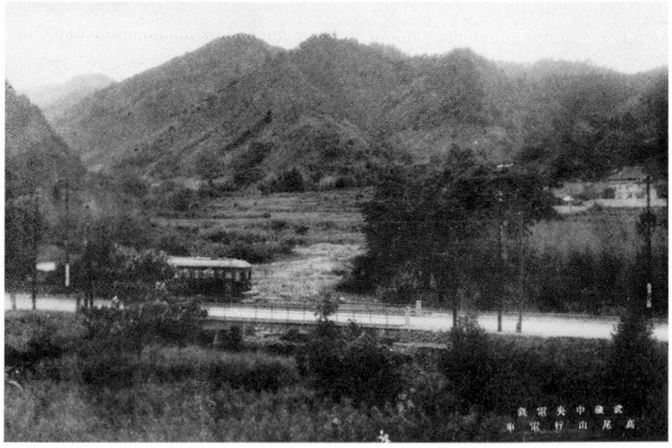

武蔵中央電気鉄道（通称・武中電鉄）は、昭和４年（1929）から13年まで運行されていました。甲州街道の中心を走る市電で、藤山コンツェルンの藤山雷太氏による開業。当初の計画路線は、埼玉県大宮（東北本線）から、埼玉県志木（東武東上線）、埼玉県所沢（川越線・武蔵野線）を経て、立川（中央線）へ繋がるという壮大なものでした（⑤1、⑤2、⑤3、⑤4）。

以下、武蔵中央電気鉄道略年表。

・昭和３年（1928）８月28日――武蔵中央電気鉄道（武中鉄道）第１回発起人会開催

・昭和４年（1929）３月26日――創立総会開催、八王子電気鉄道と合併（幻の八王子電気鉄道）。９月、市内線開通に伴い、各町で停留所誘致運動。11月、追分町―浅川駅間開通。12月23日、追分町―横山町間開通

・昭和５年（1930）３月29日――浅川駅前―高尾橋間開通。八王子から高尾山までを35分でつなぐ。10月３日、東八王子―新町間開通

・昭和７年（1932）４月――横山町―八王子駅間開通

・昭和12年（1937）５月17日――八王子自動車㈱とともに京王電気軌道㈱への合併決定
昭和13年（1938）――東八王子駅―横山町間の電車運転を廃止。京王電気軌道㈱が、武蔵中央電気鉄道㈱の自動車事業を買収し、３月16日バス運転を開始。八王子駅前から高尾山麓まではバス運転に転換した

・昭和14年（1929）６月――市電レール撤去
市電の撤去工事は八王子市内の青年団が勤労奉仕しました。レールを敷いていた多くの敷石（御影石）が近隣の希望者などに配布され、並木町の長安寺や元本郷町の多賀神社など、寺院・神社の敷石として現在でもその名残をみることができます。

鉄道・駅 3

㊺ 高尾山ケーブルカー清滝駅　昭和初期

㊻ 妙音橋上のケーブルカー　昭和初期

㊼ 戦前の初代ケーブルカー　昭和初期

㊽ 3代目ケーブルカー「あおば」　昭和50年代

　高尾山のケーブルカーは、髙尾山薬王院の27世貫首・武藤範秀の発案によるもので、参拝客用の交通機関の必要性を唱え、元浅川村長・高城正次ら地元有力者とケーブルカーの敷設免許を申請しました。大正10年（1921）9月、ケーブルカー運行のための高尾索道株式会社を設立。大正14年（1925）5月31日、社名を高尾登山鉄道株式会社に変更。

　高尾山は官有林であり、宮内省帝室林野管理局の管轄下にあったため、森林の伐採や用地の借用に煩雑な手続きを必要としました。大正12年（1923）の関東大震災により高尾山駅予定地が崩壊したため、工事が中止されたものの翌13年に再開し、昭和2年（1927）1月、高尾山―清滝間が完成しました（㊺、㊻、㊼）。しかし昭和19年、戦況悪化に伴う企業統制令により一時休止に追い込まれてしまいます。

　戦後、昭和24年（1949）に運転を再開。昭和43年に全自動制御の近代的なケーブルカー「もみじ」と「あおば」に生まれ変わり、高尾山を訪れる多くの人達の足となっています（㊽）。平成20年（2008）12月に4代目となる新車両を導入。平成29年3月には京王電鉄のグループ企業となりました。

　最大の特徴は日本一の急勾配でしょう。最も急な所では31度18分あり、所要時間は約7分です。

(59) 京王高尾線開通絵記念葉書袋　昭和42年

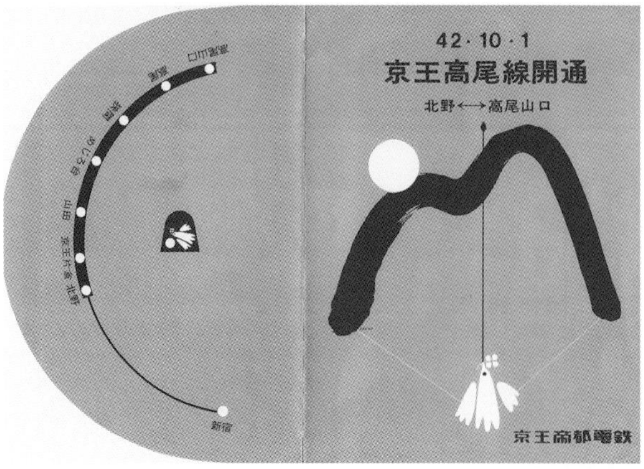

(60) 高尾山口駅付近の京王高尾線　昭和42年

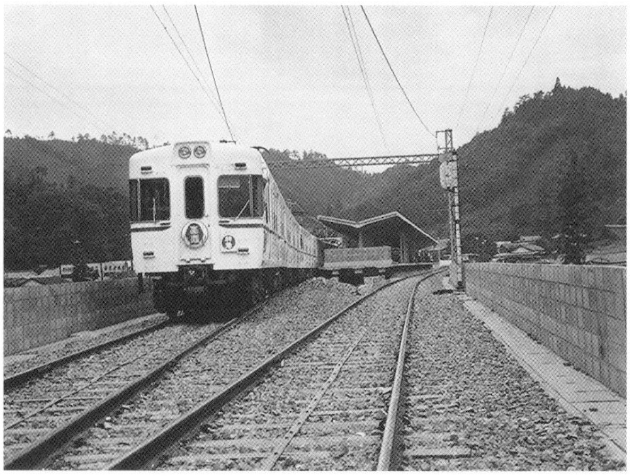

(61) 開発中のめじろ台団地　昭和42年

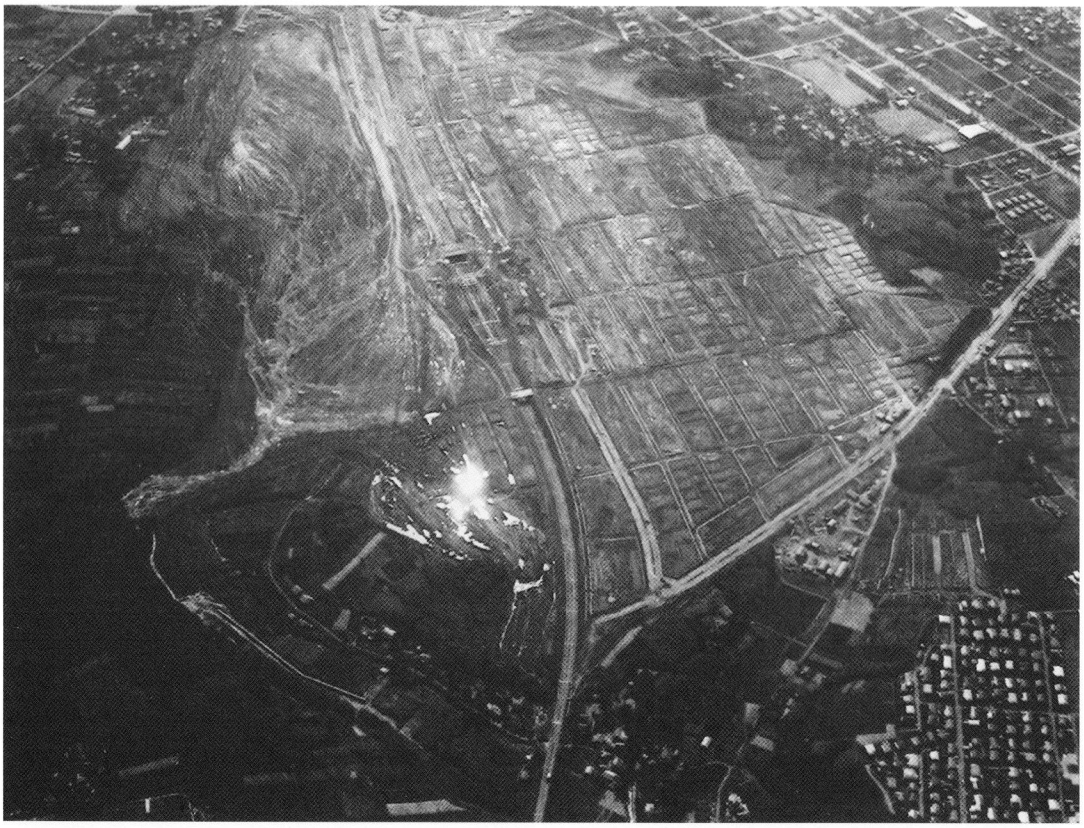

京王高尾線は8.62kmの複線で、北野—山田は、御陵線の軌道を復旧利用したものです((59)、(60))。高尾線の開通により、新宿〜高尾山口間が約45分で結ばれたことは大変に意義のあるものでした。開通後、１か月間で約20万人が利用し、今日の高尾登山ブームをつくった路線ともいえます。正月の御来光を拝む迎光号を終夜運転したり、高尾山初詣客の送迎を行ったりもしました。

(61)のめじろ台団地は、正しくは京王めじろ台団地と呼び、京王帝都電鉄不動産事業部が造成しました。昭和42年９月28日から10月１日までの間、10月１日の鉄道開通とともに開始される分譲予約の順番を確保しようとテント村ができたほどでした。なんと320名が泊まり込みしました。開発区域は95.8haに及び、計画戸数は2154戸を数えました。

鉄道・駅 3

⑥² 八高線 昭和30年頃

「蒸気機関車の八高線」　　昭和30年頃（1955年頃）　石川町　提供・佐藤次朗さん

⑥³ 北八王子駅 平成2年
（新八王子百景、俳句短歌入選作）

桜さく北八王子駅
（新八王子百景　心と生活のかけ橋二十景の内）　　平沼　潔画

芒の穂白く揺れつゝ、無人駅
セメント積める貨車の過ぎ行く　　　　　　　　常盤利一

ツバクロが巣づくりいそぐ駅に居て
電車待つ間ののどかな真昼　　　　　　　　　　林　悠紀子

北八の駅取り巻きて麦の秋　　　　　　　　　　横溝加津良

二役をこなす車掌や炙花　　　　　　　　　　　菊地敏枝

　八高線（⑥²）は、八王子－高崎間の96.4kmを結ぶ鉄道です。八王子の「八」と高崎の「高」を併せてこの名称となりました。八王子市内の駅は、八王子駅、北八王子駅、小宮駅があります。

　以下、八高線（八王子関連のみ）略年表。
・昭和2年（1927）9月15日――八高線陸橋（コンクリート製）が完成
・昭和3年（1928）2月7日――八高線買収予定地調査完了
・昭和6年（1931）6月20日――八高線多摩川鉄橋完成。9月15日、浅川鉄橋完成。12月10日、八高南線として八王子－飯能間開通、小宮駅開設
・昭和9年（1934）10月6日――八王子－高崎間全線開通。10月7日、開通祝賀会開催
・昭和20年（1945）8月24日――小宮－拝島間の多摩川鉄橋にて列車衝突事故、死者105人、負傷者67名
・昭和32年（1957）4月10日――ディーゼル車とな㉓
・昭和34年（1959）6月20日――北八王子駅開設（　）
・昭和62年（1987）――民営化によりJR東日本の傘下に
・平成8年（2008）――電化される

㊽ 多摩御陵全景　昭和2年

㊿ 多摩御陵参拝記念絵葉書袋

㊻ 東浅川駅に到着する大正天皇大喪儀の御霊柩列車　昭和2年2月8日

㊼ 多摩御陵正面全景　昭和初期

⑱ 多摩御陵制札前　昭和初期

⑲ 昭和天皇御大典記念　昭和3年11月

　大正天皇が大正15年（1926）12月25日に崩御されると、御陵の造営が多摩の地（横山村大字下長房字竜ヶ谷戸）に決定されました。東日本では初でした。八王子市民をはじめ、横山村、浅川村、元八王子村などの周辺地域にとって名誉なことでありました。陵の形式は上円下方墳となっています（㊶）。

　昭和2年（1927）2月7日に新宿御苑において斂葬（れんそう）の儀が行われ、翌8日、陵所に埋葬されました（㊻）。日本全国からの数多くの参拝者が八王子の地を訪れ、浅川地区は全国に名を馳せました。

　御陵名は、万葉集に出てくる「多摩の横山」及び日本霊異記・続日本後記などにみられる武蔵国の中心「多摩」にちなみ、「多摩陵（たまのみささぎ）」と定められました（㊼、㊽）。

　昭和2年5月2日起工、昭和2年12月23日竣工で、昭和3年11月29日付東京朝日新聞夕刊最終版によると、「多摩御陵御親謁・畏し御父陛下の御神霊に御感慨いともお深く─十万余の奉拝者、寒い河原を埋めて、素朴な姿も光栄にかがやいて浅川町空前の賑ひ」とあります。尋常学校の生徒や拝観者などが多く見守る中での行幸でした（㊾）。

⑦⓪ 高尾橋入口　昭和初期

⑦① 髙尾山薬王院本社　昭和初期

⑦② 髙尾山薬王院客殿　昭和初期

　髙尾山薬王院有喜寺は、真言宗智山派に属する大本山（昭和33年より大本山となる）です。寺伝によれば、天平16年（744）、第45代聖武天皇の勅願をうけて、行基菩薩が薬師如来を安置したのが草創です。永和年間（1375～79）、中興開山の俊源大徳が八千枚護摩供秘法をし、不動明王の化身を刻んで安置。その彫刻が飯縄権現といわれます。境内には、大本堂、飯縄権現堂、奥之院などがあり、堂宇は非常に立派なものです。成田山新勝寺、川崎大師平間寺に並ぶ、真言宗関東三大本山の１つに数えられます。

　戦国期には後北条氏に手厚く庇護され、江戸期においては庶民の間で山岳信仰の対象となり、講の組織化によって関東各地に広がっていきました。

　⑦⓪は、桜咲く春の高尾橋入口です。武蔵中央電鉄の「のりば」がそばにありました。⑦①は明治34年（1901）４月18日に再建された、極彩色の飯縄権現堂（御本社）。⑦②は客殿です。

⑬ 髙尾山大見晴台　昭和初期

⑭ 髙尾山仏舎利塔　昭和30年代

⑮ 髙尾山鳥瞰図絵葉書（画・橋本豊治）　昭和53年版

　⑬は髙尾山大見晴台です。髙尾山の山頂部分を13州見晴台と呼びます。これは旧国名である、相模、伊豆、駿河、甲斐、信濃、越後、武蔵、上野、下野、常陸、上総、下総、安房の国々を表し、山頂では各地域を見渡すことが可能でした。

　⑭の絵葉書は、髙尾山仏舎利塔です。昭和31年（1956）、髙尾山薬王院に高さ18m、鉄筋コンクリート造、タイの仏塔を模した、白亜の仏舎利奉安塔が建立されました。インドで発掘されたお釈迦様の遺骨の一部が奉安されている場所です。

　平成3年（1991）には、タイ国のバンコクにある絶景寺院のワットパクナム・パーシージャルーン寺院から釈迦像が寄贈され、仏舎利奉安塔内に安置されました。

　上記の経緯から、髙尾山薬王院では毎年、お釈迦様の生誕の日とされる4月8日の花まつりに、奉安塔内部で法要の式典が行われます。平成22年（2010）4月4日には、仏舎利奉戴80周年記念典が行われ、タイ王国大使館の代表も式典に参加しました。

　⑮の絵葉書の中心部分に、高尾登山電鉄㈱による展望塔（ゴンドラ）が描かれているのが分かります。4人乗りのゴンドラ4基があり、500mの高さの眺望が楽しめる場所でした（昭和57年12月に撤去）。

⑭ 神社仏閣 4 　八王子地域文化の再発見

㊆ 信松院　昭和初期

㊆ 信松尼墓　昭和初期

㊆ 信松院に残る軍船模型之一（現存）　大正時代

㊆ 信松院に残る軍船模型之二（現存）　昭和初期

　信松院は、武田信玄の息女松姫（永禄５年～元和２年４月16日）が開いた寺院です（㊆）。戦国期、武田家滅亡の折、姪の督（玉田院、大横町極楽寺に墓地有）ら家臣団とともに八王子へ逃れてきました。松姫一行はまず恩方の心源院の卜山和尚によって法を受け、のちに剃髪して八王子の御所水（台町の信松院付近）に一庵を結びました。

　㊆にある信松院の墓地は、武田氏の旧臣である八王子千人同心の千人頭により玉垣などが寄進され、保護されてきました。㊆の右側、境内にあった大きな松は、「伝　お手植えの松」と呼ばれていましたが、昭和20年（1945）の八王子大空襲が原因で枯死してしまいました。

　㊆、㊆は、いまでも信松院に残る、わが国最古といわれる軍船模型を絵葉書にしたもの。２艘の安宅船（あたけぶね）の木製模型が残されていて、これは海なし県である甲斐の国を治める信玄が、駿河の国の、現・静岡県清水港にこの船を実際に浮かべようとした模型といわれます。昭和33年10月、都指定文化財。信松院にはほかに、正徳年間（1711～1716）に、松姫百回忌法要の際に奉納された高さ１ｍの「松姫座像」も安置されています。

神社仏閣 4

絵葉書でみる　八王子市の100年

⑧⓪ 金剛院大修繕紀念絵葉書袋　明治44年

⑧① 金剛院空殿　明治44年

⑧② 金剛院表門　明治44年

　「空殿」は小松光重の作。八王子大空襲により焼失（図面のみ現存）。「八大童子（はちだいどうじ）」が彫られています。大日如来の化身である不動明王に仕える8人の童子のことで、矜羯羅（こんがら）、制多迦（せいたか）、恵光（えこう）、清浄比丘（しょうじょうびく）、恵喜（えき）、烏倶婆ガ（うぐばが）、指徳（しとく）、阿耨達（あのくた）を指します。

　金剛院は、和歌山県高野山金剛峰寺の末で別格本山です。山号は「慈高山」と称します。
　天正4年（1576）、僧・真清によって開山され、現在地からほど近い土手に「明王院」という寺名で不動明王が安置されていました。寺伝では、55年後の寛永8年（1631）、第3世覚常の時代に、現在地に伽藍を配置したことが判明しています。大久保石見守長安総代官所陣屋内に弘法大師を安置する「大師堂」があり、そこに明王院「不動明王」を移築したのが草創の姿と思われます。
　主な寺宝に、東京都有形文化財「紙本着色西王母図・六曲屏風一双」「紙本着色高野山図絵・六曲屏風一隻」を所蔵しています。
　江戸期より旧長州藩毛利家に出入りの寺僧が住していました。本堂・観音堂・大師堂・客殿など、30に及ぶ伽藍が配置されていました。山門は大久保総代官所の旧門にあたり、⑧⓪～⑧②の絵葉書や金剛院に残る古写真などから、当時の趨勢を窺い知ることができます。

　昭和20年（1945）の八王子大空襲によって寺院内の蔵以外の30数棟が焼失。現在の金剛院会館の場所は、昭和29年より昭和48年まで都立図書館が置かれ、現22世院主山田一眞師により昭和45年に本堂を新築、昭和60年には金剛院会館が新築中興され、現在に至っています。主な墓地内の著名人としては、製糸家で萩原橋建設に尽力した萩原彦七、商工会議所会頭を歴任した織物機業家および、第11～14代小林吉之助市長等が眠っています。
　空殿は明治44年の造立と⑧①下部の説明文にあり、また大修繕記念スタンプ印でも判読できます（⑧⓪）。⑧①の左側の作人札には小松光重（明治16～昭和42年）作とみえます。光重は、江戸彫刻師名家の出で、明治後期から昭和初期にかけて活躍した名工でした。今に残る彼の作品は、髙尾山薬王院清滝不動の脇障子（明治末年作）、大横町の山車彫刻脇障子「土蜘蛛退治」（明治43年作）などにみることができます。

㊳ 大善寺（丸内は山本大善住職） 印度(インド)佛蹟参拝記念　大正12年1月初1日

㊴ 大善寺仮本堂　大正時代

⑧⑤ 大善寺お十夜法会　昭和36年

⑧⑥ 大善寺お十夜休止通知　昭和37年

（八王子市役所発行）

拝啓　時下御一同様益々御健勝の条賀し上げます。つきましては毎年十月のお十夜法会には御参詣下され、ありがたく御礼申上げます。然る所、昨年、東京都・八王子市役所より、当寺境内地譲受の申出あり、社会公共の為とあって之に応ずることになり、爾来移転に努力しましたが、土地購入等のため時日を要し、遺憾ながら本年はお十夜法会を休止する外ないことになりました。右の事情よろしく御諒承頂きたく御通知申上げます。

昭和三十七年九月二十五日

八王子市大横町五九

大善寺

敬具

　大善寺は正式名称を観池山往生院大善寺と称します。関東十八檀林（寺の学校のようなもの）の１つ。初代は滝山城下にあり、大善寺旧跡と思われる場所が推定されます（現在の加住地区、旧字名で八幡宿、八日市、横山あり）。２代目は北条氏照が滝山城下から八王子城下へ移転しました（現在の元八地区、元八小・中学校付近が比定）。天正18年（1590）に八王子城が落城すると、横山十五宿成立にともない、諸堂寺院は極楽寺とともに横町宿（現・大横町）に移転。明治18年（1885）に火災に遭い、明治20年に大勧進を行っています（⑧③、⑧④）。

　大善寺には、八王子では最古の現存である、鋳物師・賀（加）藤甚右衛門長重の作になる寛永３年（1626）の梵鐘（ぼんしょう）が残されています。また、⑧③の右側の楼門は八幡町の呉服の豪商、梅原勘兵衛が寄進したものです。この楼門は八王子大空襲を奇跡的に免れました。梅原が八幡町交差点から南側の道路拡張の際に土地を提供したため、その通りは梅原横丁と呼ばれています。

　大善寺といえばお十夜法要が有名でした（⑧⑤）。関東における三大"お十夜"と呼ばれ、十夜の発祥で知られる鎌倉光明寺の流れを汲みつつ、滝山流といわれる大善寺独自の法式「諷誦文十夜（ふじゅもんじゅうや）」として、毎年10月13、14、15日の３日間に行われていました。関東一の人出とさえいわれるほどでした。昭和12年（1937）10月13日には、お十夜で初めてサーカスが登場しています。十夜法会はもともと、八王子城落城の際の戦死者の霊を弔う鎮魂のためでした。

　昭和37年（1962）、寺の大谷町への移転が決定し、お十夜法会は休止されました。⑧⑥の葉書を見ると、お十夜について、「東京都・八王子市役所より境内地譲受けの申出あり、社会公共の為とあって之に……遺憾ながら休止する外ない……」とあります。敷地内にあった経蔵の六角堂は、移転に伴い、同宗派である鎌倉の長谷寺に移築されています。

　近年、法会の賑わいを知る方々から復活を求める声が大きくなり、50年の歳月を経て、平成24年（2012）より、八王子お十夜実行委員会が結成され、住職、檀家信徒各位などの尽力によって、お十夜法会が復活しました。

神社仏閣 4　八王子地域文化の再発見

⑧ 子安神社明神池　昭和初期

⑦ 子安神社　昭和13年

⑨ 子安神社明神池　昭和初期

　天保元年（1830）に編纂された『新編武蔵風土記稿』によれば、天平宝字3年（759）、橘右京少輔が勅命により、皇后の安産祈願のために創建したと伝えられています。御神体裏面に、「一刀謹誦陀羅尼以百遍彫工成之、天平宝字7卯年7月廿日沙門道祐」とあり、坐像は聖徳太子作と伝えられています。子育て・安産の神様。祭神は木花開耶姫命。神社境内は舟の形をした森であることから、古くから船森と呼ばれていました（⑦、⑧、⑨）。

　絵葉書は3枚とも、昭和8年（1933）より5か年計画で拝殿の改築がなされ、昭和13年5月、関谷源兵衛市長が供進使として新殿遷御となった際の記念で発行されたもの。

⑩ 八幡八雲神社　昭和初期

YAKUMO SHRINE, HACHIOJI.　　八王子市　八幡八雲神社

八幡八雲神社は、現在の八王子下地区の神社で、元横山町（旧・元横山村）の鎮守の神様です。古くは中世期の武蔵七党の横山一族の本拠地と伝わり、横山之庄と呼ばれた地域の総鎮守です。

八雲神社は、現在の八王子の名の起こりの発祥の地で、八王子城（現・元八王子町）落城後の牛頭天王社のご神体を、江戸期になり合祀して八幡八雲神社となりました（⑩）。この甲州街道沿いを中心として八王子横山十五宿と呼ばれ、江戸の人たちは東は府中から西は山間部までを"八王子"と呼ぶようになりました。

⑨ 多賀神社と八幡八雲神社、大正殿（富士森）　昭和初期

（八王子市役所発行）

多賀神社の社伝によれば、天慶元年（938）、源経基の国土豊穣、万世安穏を祈願するため、滋賀県多賀大社より分祀されたものを基とし、時代を経て関東地域の多賀社としては最大規模となっています。多賀神社は、国土創造の祖神である伊弉諾尊（イザナギ）、伊弉冊尊（イザナミ）の夫婦神を主祭神として祀っています。

現在の多賀神社祭礼は八王子まつりと同日に行われ、八王子上地区である氏子町会の鎮守の神様として、崇拝されています。良縁成就、子孫繁栄、家内安全、健康長寿などのご神徳があります。

拝殿前にある大銀杏は、樹齢400年を超える御神木であり、生命の大樹です。八王子大空襲も逃れました（⑨）。

神社仏閣 4　八王子地域文化の再発見

92　産千代稲荷神社　平成25年

93　新大久保長安座像　平成25年

94　八王子横山十五宿絵図など　平成25年

大久保石見守長安陣屋跡 石碑　　八王子横山十五宿絵図（新野家文書）

　慶長3年（1603）、大久保石見守長安陣屋内に鬼門除けのために稲荷を勧請したのが草創。かつては稲荷森と称していましたが、安政2年（1855）7月の火災によって、社宝・古記録が消失したため詳らかではありません。倉稲魂命（うがのみたまのみこと）を祭神として祀り、毎年初午の大祭と4月の命日に長安祭を執り行っています。平成25年（2013）に大久保長安400年祭を行った際に配布された記念絵葉書が92、93、94。

　かつて境内に大きなカヤの古木がありましたが、区画整理のため伐採を余儀なくされました。その古木の一部を先代の小泉宮司が大切に保管していて、それを材料に用いて座像がつくられました。そして400年祭に奉納されています。この座像は、佐渡の大安寺にある大久保長安座像を模したものです。

　作者は小俣喜昭（おまたよしあき）氏で、昭和27年の生まれ。大月市賑岡町居住、東京芸大大学院卒業、木彫作家、日展会員、日本彫刻会会員。素材はカヤ材。高さ45㎝、幅30㎝、奥行20㎝です。

㉕ 富士森公園（藤森）の招魂社9忠魂碑　昭和初期

慶長年間に大久保石見守長安が浅間神社及び富士塚を勧請したと伝わります。宝永年間に社殿が破壊。延享2年（1745）、石造社殿を再建。天明6年（1786）、石階段を造立。明治10年（1877）2月の西南の役と、明治27年の日清戦争による戦死者霊を合祀。明治29年4月15日、報国忠魂之碑が富士森公園開園の際に建立され、建碑式が行われています。明治36年の日露戦争における八王子町の戦没者の霊を、報国忠魂之碑の碑文にしたためて富士森招魂社と称しました。

㉕のやや右にみえる円形の塔が銅製の報国忠魂之碑で、小松宮彰仁親王（1846～1903）による揮毫が刻まれていました。昭和21年（1946）12月31日に撤去。

㉖ 八王子躑躅園　昭和初期

明治末年ごろ、越智氏の別荘として現在の暁町の広範囲につくられたのが始まり。躑躅の名所として知られていました。大正末年には藤田氏に権利が移動。園内には、登茂江という割烹料亭があり、賑わいをみせていました。この地域は、安土（＝浄土の意味）と書いて「やすど」と呼ばれていましたが、昭和10年代には廃園となりました。

(97) 西中野　稲荷坂（覚祐稲荷大明神）　大正時代

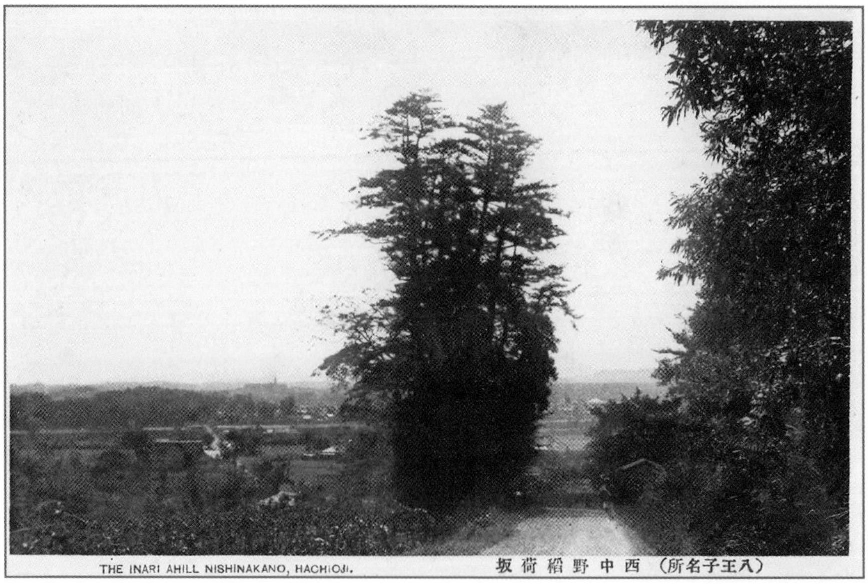

現在の国道16号線に切り通しの坂があり、右側に鎮座するお稲荷さんは、八王子千人同心の一人である小池覚祐という人が建立したものです。この覚祐稲荷大明神から東の方向に登り下りの道があることから「稲荷坂」と呼ばれるようになりました。現在は区画整理拡張工事によって道路が広くなっていますが、元は樫、欅、銀杏などが生い茂る土地で、北東方向に上がる道路は、江戸期に八王子千人同心が日光火の番に向かった旧日光街道です。日光へ向かう人が、八王子市街を見ながら安全祈願をしたといいます。

(98) 野猿峠の遠望　昭和30年代

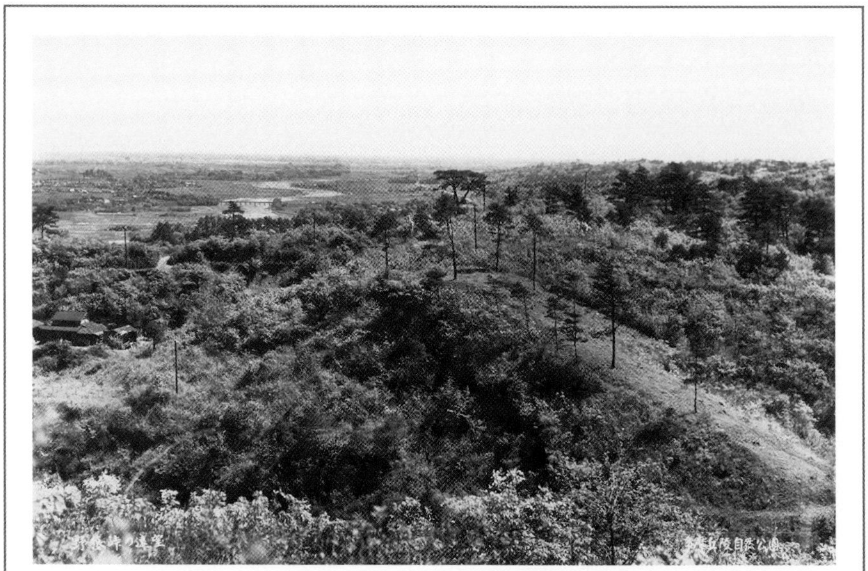

野猿街道は、甲州街道横山町郵便局より始まり、北野を通って現在の絹ヶ丘を通る坂道です。(98)をみるに、未だ開発されていない昭和30年代の丘陵地ですが、この地域は絹ヶ丘団地として、昭和36年（1961）に730戸をかわきりに開発された地で、野猿峠に達する場所には大学セミナーハウスが、昭和40年７月５日に開館されました。建設用地は京王電鉄の所有でしたが、財界や個人の寄付などにより建設されました。大学が市内に集中しており、教員と学生が一体となって合宿と研修ができる静かな場所が求められていたので、まさにぴったりの土地でした。現在でもセミナーはもちろん、交友の場など様々な面で活用されています。

⑨⑨ 小佛関所　大正時代

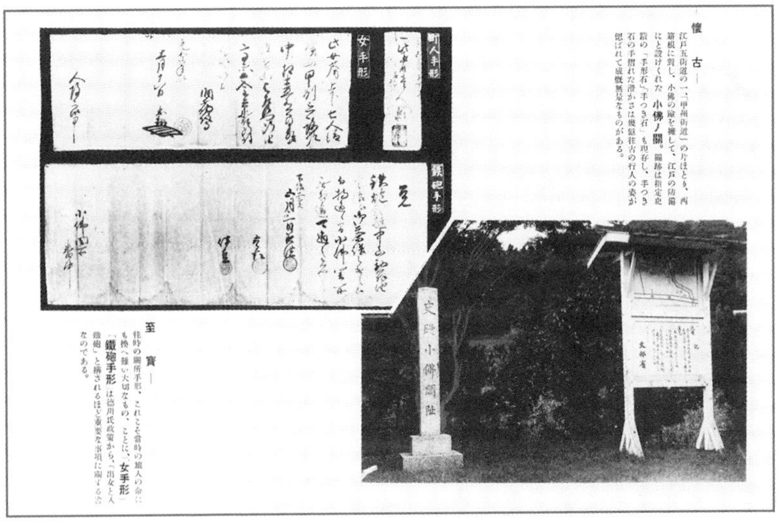

⑩⓪ 明治天皇小佛峠（めいじてんのうこぼとけとうげ）御小休所阯及御野立所（おこやすみどころあとおよびおのだちどころ）大正時代

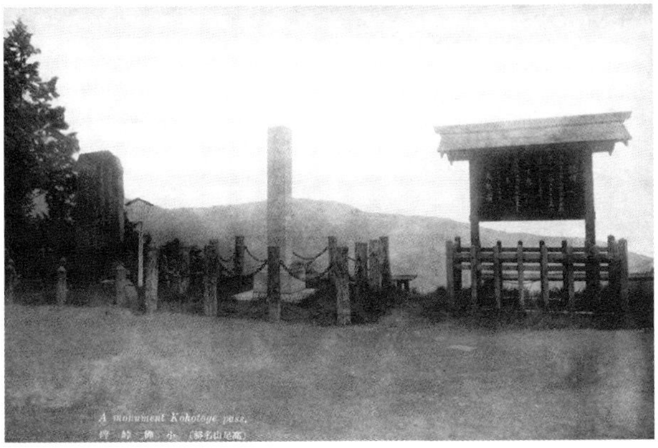

⑩① 陣馬山へ至る駒木野橋　昭和初期

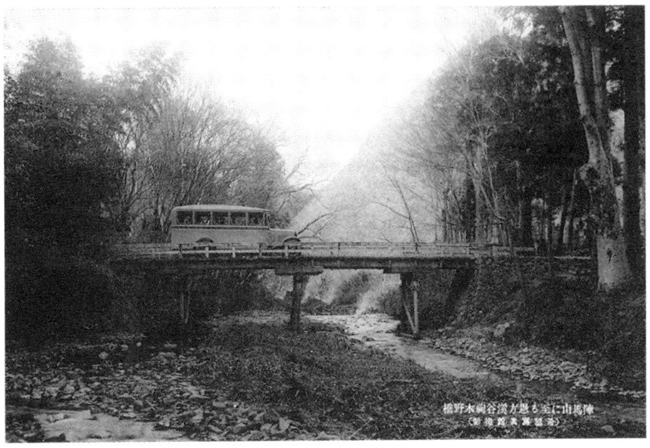

⑨⑨の小仏関所の番人は、川村家、落合家、小野崎家、佐藤家の四つの家が務めました。幕末には武士身分でなくとも、神官や学者、郷士、脱藩浪士なども務めることができたといいます。有名どころを挙げると、川村恵十郎光豁（みちひろ）、落合源一郎直亮、弟の落合直澄など。小仏関所一角に、憲政の神様で知られる、千人同心植田孟縉（もうしん）子孫の尾崎行雄氏が揮毫（きごう）した先賢彰徳碑があります。昭和５年（1930）に浅川好史会によって上記３人の顕彰碑が建立されました。

甲州街道の新道である国道20号の大垂水峠は、明治21年（1888）に開通して便利となりましたが、それ以前は小仏峠越えが不可欠でした。相模や甲州方面に出向くにもこの峠を越え、山道を行きに帰りに登らねばなりませんでした。

明治天皇が全国各地を巡行した際にもここを通過しています。山梨方面より京都方面へ向かうため、明治13年（1880）６月17日午前７時に八日町の織物陳列所をご通覧されました。多摩地域では初のことでした。そして駒木野を経て、小仏峠へ到着。⑩⓪の御野立所とは、天皇がお越しなった峠の頂上を指します。小仏トンネル付近の鈴木氏宅に、現在でもお茶を飲んで小休止した場所として石碑が残り、甲州街道にも各地にその記念石碑が数多く残されています。

陣馬山は標高857mの山で、富士の眺望はもとより北関東の山々までみることができます。この山の由来は、天正のころ、武田信玄が滝山城攻めの際に陣を構えた場所からきています。山頂にあるシンボルの白馬は昭和44年（1969）９月建立。

陣馬高原の名称は、昭和31年（1956）、京王帝都電鉄が観光宣伝用に名付けた名称です。北は和田峠から南は明王峠の、景信山周辺一帯をこう呼びます。それまでは陣場と称していました。⑩①の駒木野橋は、明治38年に木造で架けられ、昭和31年にコンクリート橋へと架け替えられています。橋を渡っているのはボンネットバスです。

⑩² 滝山城跡　昭和初期

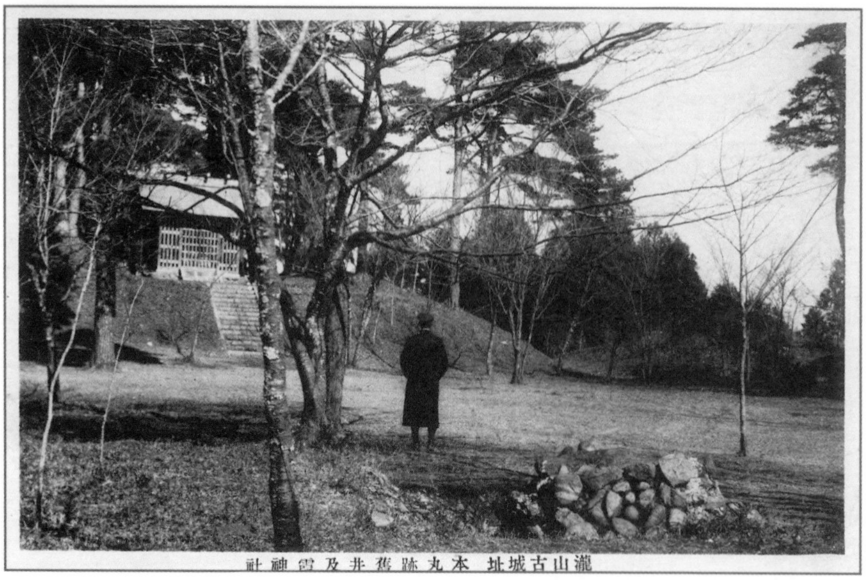

⑩³ 八王子城跡（八王子神社）　昭和初期

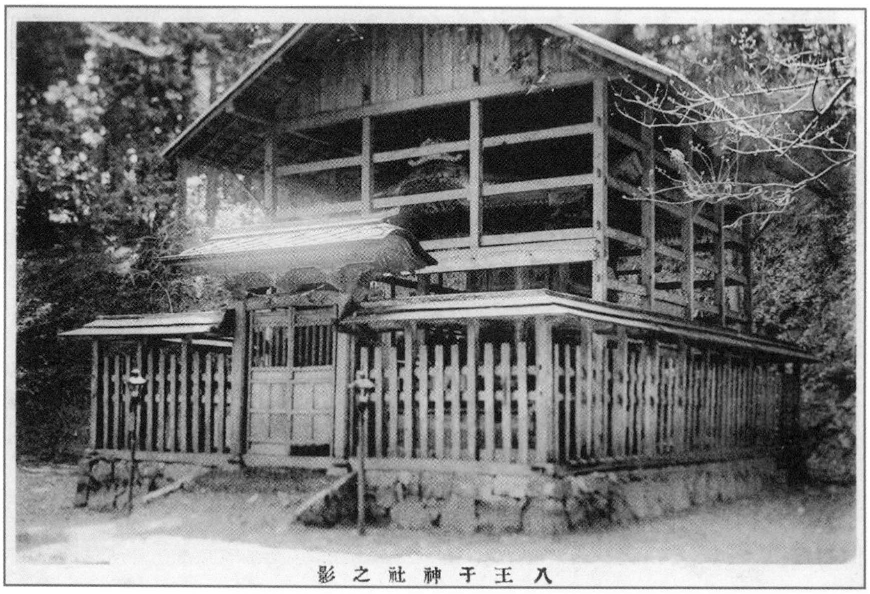

滝山城跡には霞（かすみ）神社と金毘羅（こんぴら）社の２社が鎮座しています。霞神社由緒をみると、日露戦争以後に加住村から出征して戦死した人たちを慰霊する忠魂碑に近い存在で、⑩²にみられるように、滝山城跡本丸跡にあります。昭和の時代となり、満州事変や日中戦争及び太平洋戦争に出征して戦功を挙げ、戦没した1129柱の英霊を合祀し、八王子市との合併を契機として加住地区遺族会が設立されました。

滝山の名の起こりは、奈良の吉野にある「蔵王権現（ざおうごんげん）」にあります。この権現様が吉野の丹木というところにあって、丹木がなまって滝山となり、城を滝山城と呼ぶようになりました。つまり滝山はもともと丹木山だったのです。加住の名も、霞神社から起こっています。

この城は、元は大石源左衛門定久の城であり、関東管領上杉家配下でしたが、関東における北条氏の勢力拡大によって傘下となり、北条氏康の次男である北条氏照が養子となって受け継いだ城です。

八王子の名の発祥の地である八王子城。永禄12年（1569）、武田信玄に滝山城を落城寸前まで攻められて、防備が完全でないと悟った氏照が、八王子権現のまつる山（深沢山）に城を移しました。頂上に建てたのが、⑩³の八王子神社です。

⑭ 八王子城跡　平成20年頃

⑮ 北条氏照墓及び宗関寺　昭和初期

　八王子城は、国の指定史跡で、元八王子町三丁目と下恩方町・西寺方町にまたがる広大な山城で、後北条氏最大の城跡です。小田原城の支城として重要な位置を占めていました。大規模な城構えで、石垣や石塁、堀切などが部分残り、昭和61年（1986）から行われた発掘によって大手門からの表口石畳道と居館の一部などの遺構が発見されました。平成2年（1990）には、八王子開市400年記念事業として、大手口石畳、御主殿跡、曳橋などの再現整備工事がなされ、同年11月には400年祭が行われました。

　⑭は東京都教育庁地域教育支援部管理課文化財保護係が発行した絵葉書。⑮は、八王子神社1000年祭記念の絵葉書です。

名所・旧跡 5

⑯ 初沢古城址上の小亭（御衣公園） 昭和初期

（高尾観光商業組合発行）

日本最大の「菅公銅像」作者概要
作　渡辺 長男（わたなべ おさお）氏
生　明治7年（1874）4月2日
没　昭和27年（1952）3月3日

　当時の彫塑界第一人者。この銅像は大正12年に製作が開始され、昭和5年9月完成。昭和8年春、万国婦人子供博覧会一般公開作品。昭和11年12月、渡邉氏の私財にて安置。昭和12年、十間四方の玉垣設置。正面に幅2間93段の花崗岩石段工事。素材はブロンズ銅製、高さは4.8m、総重量6t。

⑰ 御衣公園にある菅公の銅像 昭和10年代

　浅川町が昭和34年（1959）に八王子市に合併したため、江戸期以来の旧村名の上椚田村の小字である初沢地域が初沢町となりました。町内には初沢城があり、高さは294mあります（⑯）。この城は室町期にこの地を治めていた椚田重兼が築城し、別称「はなざわやま」「椚田城址」「高乗寺城址」ともいいます。曲輪の跡が僅かに当時の面影を残すのみです。

　初沢城内に菅原道真公の銅像があります（⑰）。当時としては日本最大の像で、大正12年（1923）の関東大震災で、奉献会、協賛会事務所、帳簿類のすべてを消失したため、鋳造半ばで断念せざるをえない状況に陥りました。しかし、作者である渡邉長男氏が私財を投じて、昭和5年（1930）に完成させました。像は、皇居前広場に楠木正成銅像と文武対比にて置かれる予定でしたが、大正天皇御陵の多摩御陵造営を記念して、当時の八王子市長城所氏、浅川町長の落合氏有志数名が、作者の同意を得て第2次菅公像奉献会を発足。昭和11年（1936）11月まで、浅川小学校に安置されていましたが、元浅川郵便局初代局長の山口安兵衛氏が敷地を寄贈、現在地に移されました。同年12月29日に除幕式が行われ、建立祝賀会が行われました。

　戦時中の金属の供出を免れ、幾たびの困難に打ち勝ってきた菅公銅像は、貴重な八王子の学問の神様（遺産）です。

⑱ 浅川橋（木橋） 大正時代

⑲ 浅川橋（鋼工桁） 昭和5年頃

⑩ 清瀧橋（木橋） 大正時代

⑱の浅川橋は、大正12年（1923）9月の関東大震災を転機とし、昭和5年（1930）の都市計画事業により、木の橋から鋼工桁へと架け替えられました（⑲）。近代的な橋梁技術の発展により、市内の橋が順次、木橋から鉄筋コンクリートや鋼床板へと大きく変わっていきました。

高尾山周辺には、表入口の清滝、北側の裏高尾の蛇滝、ケーブルカー裏手南側の琵琶滝、清滝を登る表登山道中腹に布留滝と、滝が4つ存在していました（現在、布留滝はありません）。⑩の清滝橋は高尾橋を渡って、表の登山参道の入口となります。清滝は、南側にある琵琶滝の水を分水して引いており、その脇に祠がありますが、これは千人同心植田氏の建立です。

名所・旧跡 5

⑪ 両界橋　大正時代

⑫ 暁橋　大正時代

⑬ 大和田橋　昭和37年

(八王子市役所発行)

⑪は甲州街道と中央線が交差する両界橋。
安土 (やすど) 山より市街を望む⑫。浅川にかかる暁橋がとてもはっきりみえます。
⑬の大和田橋は、昭和3年 (1928) にコンクリートへと改修され、昭和20年 (1945) の八王子大空襲でも壊れませんでした。ただ、焼夷弾が大量に落ち、大和田橋の歩道改修の際に、その欠けた部分をガラスで囲って保存しました。現在はその部分を色の違うタイルで表現しています。

⑭ 八王子第二尋常小学校　昭和5年

⑮ 八王子第三尋常小学校　大正6年頃

　明治5年（1872）の「学制」発布以来、それまで寺子屋としてあった八木学舎、八幡学舎を、明治10年7月に合併し、多賀学校としました。その後、幾たびかの変遷をへて、明治23年10月に町立多賀尋常小学校と改称。明治39年、町立第二尋常小学校に改称。

　昭和16年（1941）4月には、市立第二国民学校と改称されました。第2次大戦後、市立第二小となります。⑭の絵葉書は、昭和5年6月5日の改築記念にあたり配布された「上棟式」の絵葉書。

　明治7年創立の折田学校が、明治23年4月に火災で焼失したため、明治36年、髙尾山薬王院が木材を寄付。寺町に創立され、明治39年9月に有喜学校がを町立に移管されたことにより、ナンバースクールとして第三尋常小学校に改称されました。昭和16年4月には、第三国民学校と改称されています。

　⑮は、市制施行後の学校正門前にて教職員が勢揃いして撮影された記念絵葉書で、左側上部には、市制施行時の初代八王子市長柴田栄吉氏、右上部には、前平林定兵衛町長の顔写真がみえます。街の基盤整備と八王子市制施行に尽力された両氏を讃えるためでしょう。町から市へ移管された当時の学校の状況を物語る上で貴重な絵葉書です。

学校・教育 6

⑯ 八王子中学校　昭和初期

⑰ 東京府立第二商業学校　大正時代

　多摩勤労中学校の沿革は昭和3年（1928）、中町で写真館を経営していた写真家の市川英作氏を学校長として創立されました。戦前、八王子中学校と改称され（⑯）、略して八中として親しまれ、戦後の教育改革によって、昭和23年（1948）に八王子高等学校と改称されました。

　大正9年（1920）2月4日、文部省から認可されて創立した東京府立第二商業学校（⑰）。4月25日に第1回入学式を行っています。旧市民会館跡地、現在の郷土資料館の駐車場は、この学校が創立した場所です。昭和20年の八王子空襲によって全焼したのち、第二商業高等学校と名称を変更。昭和31年（1956）に区画整理のため、台町3丁目に移転しました。

　全日制課程は八王子工業高等学校と合併し、平成18年（2006）10月に八王子桑志高校と名称を変更しました。平成19年3月に全日制課程閉課、平成23年3月に定時制課程閉課、そして平成23年に第二商業高校は閉校しました。定時制課程は、八王子近辺の定時制が置かれている学校と統合し、普通科・単位制・定時制の3部制の昼夜間定時制高校（東京都立八王子拓真高等学校）となりました。

⑱ 府立第四高等女学校　大正時代

⑲ 第四高女の校歌　大正時代

　府立第四高等女学校の沿革
- 明治18年（1885）――横川村（現・横川町）出身の横川楳子（うめこ）が女子教育授業所（私塾）を開校
- 明治25年（1892）――横川楳子が私立八王子女学校を上野町に開校
　明治40年（1907）――八王子女学校校舎寄付を府知事に申請
- 明治41年（1908）5月――府立第四高等女学校（女子学校）が元子安（現・明神町）に開校
- 昭和20年（1945）8月――八王子大空襲により校舎が全焼
- 昭和23年（1948）4月――東京都立第四女子新制高等学校と改称し、新制中学を併設
- 昭和24年（1949）4月――男女共学を実施
- 昭和25年（1950）1月――東京都立南多摩高等学校と改称
- 平成22年（2010）4月――東京都立南多摩中等教育学校開校

　⑲には校歌と初代の長尾松三郎校長（校長在任は明治41年4月～昭和6年5月）の顔写真、そして校舎の全景がみられます。子安神社湧水池（大明神）を始め、南多摩高校周辺まで水が流れ出ていたといいます。八王子地域の水の豊かさを物語っています。

学校・教育 6

⑳ 東京府立織染学校　大正11年

㉑ 東京府立織染学校校友会展覧会記念　大正11年8月17日

東京府立織染学校の沿革
- 明治20年（1887）3月——八王子市新町に八王子織物染色講習所が開所
- 明治28年（1895）7月6日——私立八王子織染学校と改称
- 明治35年（1902）6月10日——八王子織染学校設立者らが同校の府立移管を申請
- 明治36年（1903）3月10日——東京府立織染学校へ移管され、元子安の旧甲武鉄道八王子停車場跡（現・明神町）に移転。9月28日、府立織染学校用地として元子安の旧八王子駅用地3000坪を鉄道院から授受
- 昭和11年（1936）5月21日——専門学校として全国最初の人絹糸製造機を設置
- 昭和14年（1939）——八王子工業高校移転
- 昭和16年（1941）——校舎落成
- 昭和20年（1945）——戦災により校舎全焼。同年中に新校舎竣工
- 平成17年（2005）4月1日——東京都立八王子地区産業高等学校（仮称）が東京都立八王子工業高等学校内に開設準備室を設置
- 平成18年（2006）10月——設置条例2条により東京都立八王子桑志高等学校が設置（八王子工業高校の敷地に開校）
- 平成19年（2007）4月——桑志高校開学

⑳と㉑の絵葉書は、大正11年8月に開催された展覧会の記念で出されたもので、発行元は府立織染学校校友会。㉑は校歌がデザインされた珍しい絵葉書。

⑫ 中村雨紅　昭和47年頃

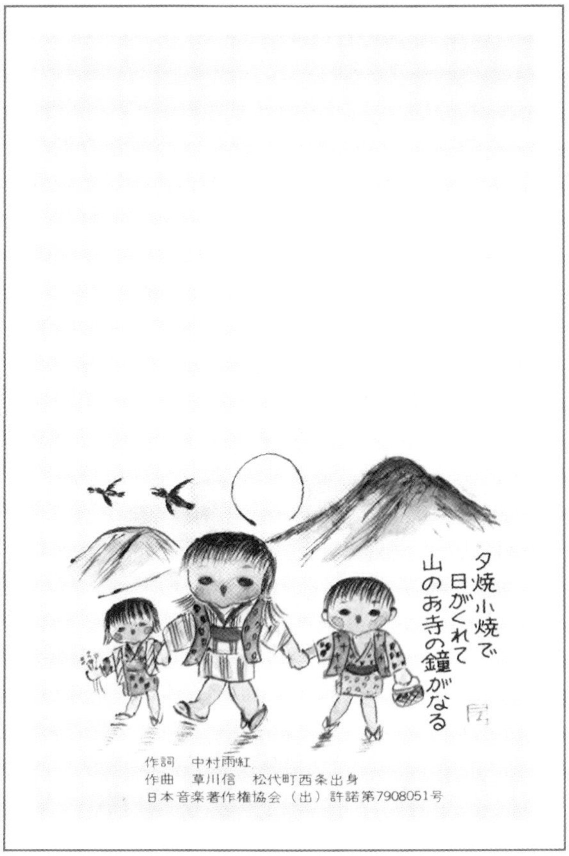

⑬ 小島善太郎　多摩川風景　昭和13年

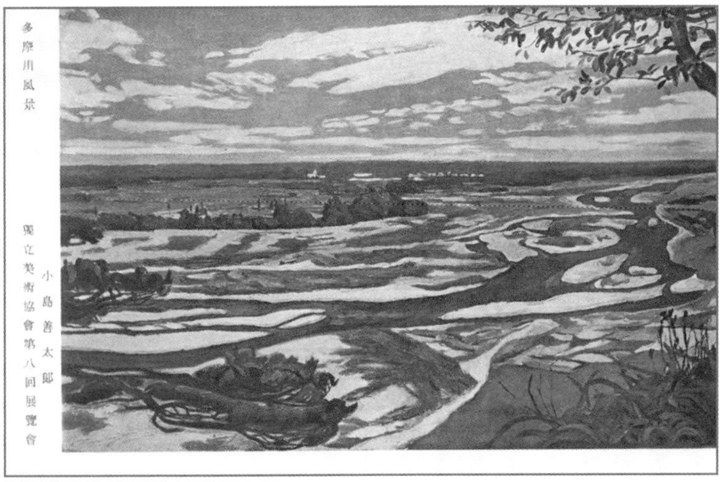

⑫は「夕焼小焼」の作詞で有名な中村雨紅の絵葉書。多摩郡恩方村高留（現・上恩方町）の宮尾神社の神官、高井丹吾の３男として生まれる。本名、高井宮吉。明治30年（1897）２月６日生、昭和47年（1972）５月８日没。

大正７年（1918）ごろから野口雨情に師事し、詩を書き始めたとされ、大正８年（1919）８月31日に代表作「夕焼小焼」を完成。実際の発表は大正12年（1923）７月で、作曲は草川信（長野県松代町西条出身）でした。

次のエピソードが残っています。

「故郷の恩方から帰る途中、西寺方町小田野地区で、きれいな夕焼けが西の空を染め、カラスが飛び交い、遠くの寺の鐘の鳴る模様をその場で詩にしたためた」

他の作品として『日本讃歌』『御民征く』『かくれんぼ』『ねんねの里』『咲いた花なら』などがあります。

昭和31年（1956）９月９日、還暦を祝い、宮尾神社に中村雨紅氏揮毫による「夕焼小焼」の歌碑が建立され、盛大な除幕式が行われました。歌碑は高さ６尺３寸、巾五５尺７寸、厚さ１尺５寸の川根石で造られています。

昭和42年には、恩方の有志が夕焼け小焼けの鐘を鋳直し、西寺方町の観栖寺に奉納しました。鐘のつき初め式も挙行されています。翌年には観栖寺に夕焼け小焼けの碑が完成し、除幕式が行われています。その後、西寺方町の宝生寺に「夕焼小焼」歌碑、上恩方町の興慶寺に「夕焼けの鐘」がそれぞれ建立されました。昭和45年（1970）には興慶寺に「ふる里と母と」の碑が建立されています。

＊　　＊　　＊

小島善太郎は、昭和７年（1932）から46年まで南多摩郡加住村（現・八王子市加住町）に居住していました。現在は、道路拡張にともない、「善太郎坂」の名前が残っています。

洋画家の善太郎は、フランスのパリに留学後、絵画の研鑚を積み、昭和５年11月１日、「独立美術協会」を設立するなど、日本の西洋画の発展に大きな足跡を残しました。八王子では「愛善会」などにより、善太郎の作品を好む方が多くいます。

⑬は、「多摩川風景」として、昭和13年の独立美術協会第８回展覧会出品作品。

⑫⓸ 八王子織物同業組合　大正15年10月

⑫⓹ 八王子銘仙　大正時代

（八王子内地織物工業組合発行）

⑫⓺ 八王子織物比較　大正12年頃

　大正12年（1923）9月1日午前11時58分に発生した関東大震災によって被災した建物を改築、落成した際の記念絵葉書が⑫⓸です。ちなみに、八王子の震災被害は以下のとおりです。

　市民の自警によって火災はなし。全壊住戸11戸、半壊20戸、死者15人、重軽傷者14人、行方不明者5名と軽微でした。

　⑫⓺のグラフ絵葉書は、大正8年の好景気を反映したもので、明治・大正を通じて生産額300万点、売り上げも5500万円と急増しているのが分かります。

織物となりわい

⑫ 殿方衣裳に粋を誇る八王子織物　大正時代

⑫ 和装に・洋装に・八王子織物　大正時代

（八王子内地織物工業組合発行）

⑫ 八王子織物同業組合　大正時代

　八王子織物工業組合は、明治32年（1889）5月に認可され、発足しました。明治期以来、さまざまな品評会などを開催します。関東各地より物資の集まる"要衝"としての八王子は、八王子織物とともに大発展を遂げていきました。第1次大戦の好景気によって、手織り機から機械を使う力織機へと転換を図り、八王子市が市制施行した大正6年（1917）には機屋成金が誕生するほどでした。⑫〜⑫の絵葉書は、織物産業が最盛期を迎えていたころの華やかさを今に伝えています。

(130) 片倉製糸紡績　大正時代

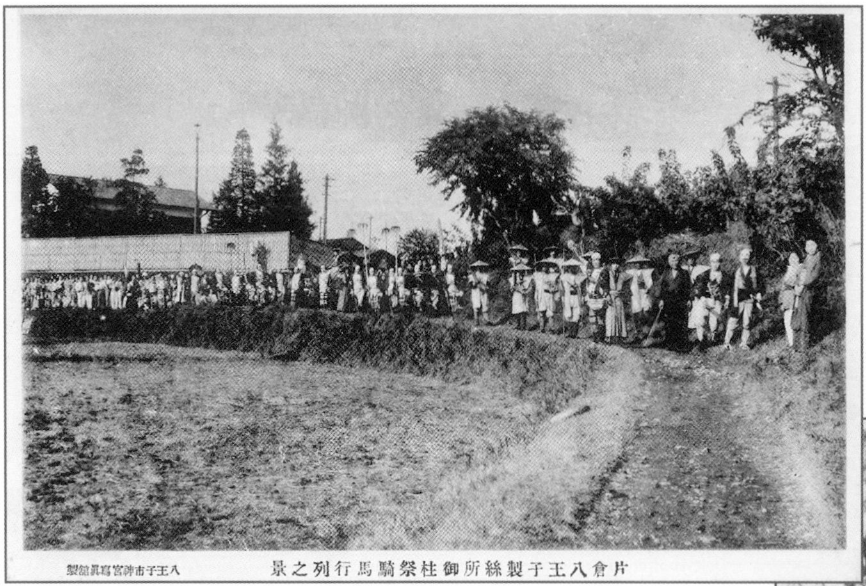

(131) 片倉製糸紡績　大正時代

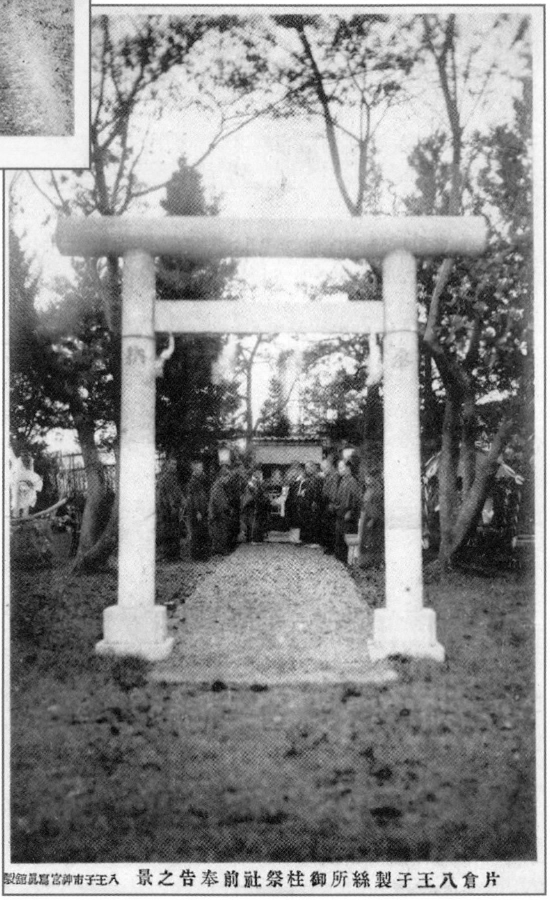

(132) 日本機械工業株式会社　昭和40年代

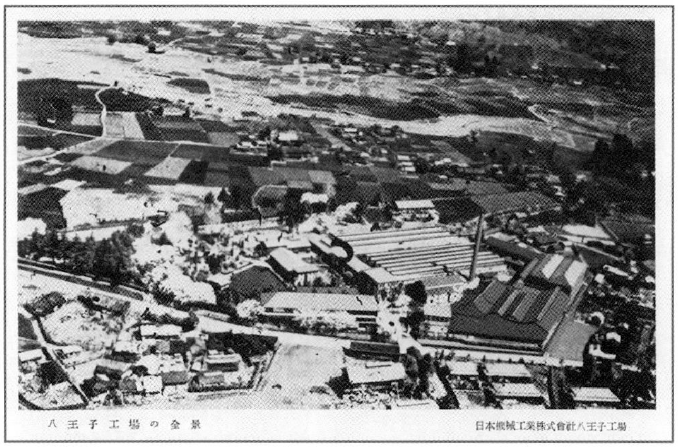

　萩原製糸工場は、元は萩原彦七氏が経営していた八王子初の機械製糸工場で、明治27年（1894）には全国２位を誇る生産高で多摩の近代工業の先駆でしたが、経営難に陥り、明治34年、片倉製糸紡績株式会社に経営が譲渡されました（(130)、(131)）。

　片倉製糸紡績は、長野県松本市で片倉王国の基礎を築き、製糸業や産業界の発展に大きく貢献を果たした企業です。その中心的役割を果たしたのが、今井五介氏でした。今井五介氏は安政６年（1859）に長野県諏訪郡川岸村（現・岡谷市）で、片倉市助の３男として生まれました。明治28年、片倉一族が共同して片倉組を組織し、昭和８年、五介氏が社長に就任。氏は昭和21年に八王子市にて逝去しています。

　昭和18年７月より、片倉のグループ企業である、消防車製造会社の日本機械工業株式会社八王子工場が、同地にて現在に至るまで稼働し続けています。

　(132)は、日本機械工業を上空から写した絵葉書で、その大きさがよく理解できます。

⑬ 久保田織物工業　昭和初期

⑭ 久保田織物工業絵葉書袋

⑮ 久保田織物工業　昭和初期

　江戸期より手広く商売していた久保田商店。現在の八日町スクランブル交差点付近に店舗を構えていました。⑬～⑮の絵葉書は、昭和初期の明神町の工場の模様。元は、神奈川県津久井郡串川村の、文政年間創業の酒造業でしたが、織物仲買商を営むようになり、のちに問屋業を始めた老舗です。

　昭和初期の久保田織物工業株式会社の営業品目には、

- ●撚糸　時代適応・各種撚糸
- ●染色　絹綿毛糸布・堅牢無比
- ●印花　解織及び生地加工・斬新奇抜
- ●捺染　大衆向き加工・機械化
- ●飛白　婦人物の権威・意気で高尚
- ●整理　商品にも用途にも適当・迅速丁寧
- ●仕立　装飾仕上げ・優美

とあり、あらゆる織物を総合的に取り扱う八王子を代表する工場だったと理解できます。

織物となりわい 7
八王子地域文化の再発見

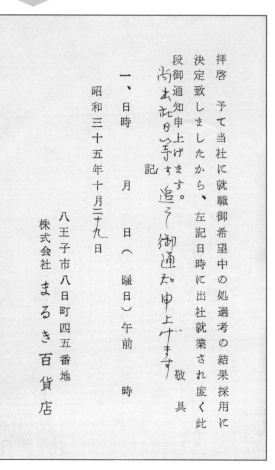

⑬⑦ 八王子そごう閉店前広告葉書　平成24年

⑬⑥ まるき百貨店開店前採用通知　昭和35年

拝啓　予て当社に就職御希望中の処選考の結果採用に決定致しましたから、左記日時に出社就業され度く此段御通知申上げます。

なお出社日等は追って御通知申上げます。

敬具

記

一、日時
　　月　日（　曜日）午前　時

昭和三十五年十月二十九日
八王子市八日町四五番地
株式会社　まるき百貨店

　八王子初の百貨店である、「まるき百貨店」の設立にあたっては、当初、商店主7名、織物経営者4名、地主3名の合計14名が発起人となり、株式を広く募って、サラリーマンや商店主、店員など、株主504名から4950万円を集めました。地元資本として、資本金6950万円からスタートし、昭和35年（1960）12月10日に開店となりました。
　まるき百貨店の総工費は2億円、地下1階地上5階で、総面積は4000㎡、売り場面積3100㎡でした。昭和30年代、八王子織物のネクタイの全国生産額が8割という盛況の中でのスタートで、百貨店が都内から多摩地域に進出する先鞭をつけました。⑬⑥は開店する直前の採用通知です。
　時代は下って、平成24年（2012）1月31日、八王子に残っていた最後の百貨店、「八王子そごう」が閉店しました（⑬⑦）。28年間の営業でした。
　以下、八王子の百貨店変遷抄史です。
◎まるき百貨店（地元資本）
・昭和35年（1960）12月10日——開業（八日町）
・昭和43年（1968）10月1日——閉店（約7年）

◎井上百貨店（地元資本）
・昭和38年（1963）11月4日——開業（八日町）
・昭和46年（1971）7月——閉店（約7年）。11月20日、同忠実屋出資の新会社アイシーとなり、家庭用品を中心のビッグストアに新装オープン
◎岡島百貨店八王子店（甲府本店）
・昭和43年（1968）11月1日——まるきの跡地に開店（八日町）
・昭和45年（1970）2月5日——閉店（約1年）
◎伊勢丹八王子店
・昭和44年（1969）9月13日——開業（横山町）
・昭和54年（1979）2月13日——閉店（約9年）
◎西武百貨店八王子店
・昭和45年（1970）10月29日——開業（横山町）
・平成5年（1993）8月25日——閉店（約23年）
◎八王子大丸百貨店
・昭和47年（1972）4月28日——開業（横山町）
・昭和60年（1985）8月5日——閉店（約13年）
◎そごう八王子店
・昭和58年（1983）11月1日——開業（旭町）
・平成24年（2012）1月31日——閉店（約28年）

まつり 8

絵葉書でみる　八王子市の100年

⑬⑧ 八王子民謡オリャセ節　昭和10年代後半

（八王子市役所発行）

「八王子まつり」（八日町）　昭和43年（1968年）　提供・浜中義孝さん

⑬⑨ 八王子まつり　昭和43年

　八王子まつりの始まりは、江戸時代半ばより行われていた2つの祭礼が合わさったものです。元本郷町の多賀神社祭礼が上地区で、毎年8月13、14、15日に、下地区は元横山町の八雲神社祭礼で、こちらは毎年7月22、23、24日に行われていました。

　昭和36年（1961）に新旧市民の交流をはかるために、八王子市民祭の第1回目が企画されます。これが契機となり、昭和41年の、市制施行50周年記念の年（巻末の年表参照）に、多賀・八雲両社において上・下合同祭礼が行われ、昭和43年の第8回市民祭から八王子まつりと改称しました。このときから、各神社の祭礼（各町会による祭礼実施）も正式に参加しています。平成22年（2010）、市民祭から換算して50回目の記念として、上下山車総覧が企画され、各町会所有の山車の集合が行われました。さらに平成29年8月には、八王子市市制100周年を記念して、19台の山車が一堂に会す山車総覧が行われています。

　さて、八王子民謡に欠かせないのが、「おりゃせ節」です（⑬⑧、⑬⑨）。昭和3年の秋、八王子織物工業組合の依頼により、永井白湄作詞、中山晋平作曲によって作られ、竹久夢二氏装丁の「おりゃせ節」の楽譜もある有名な民謡です。歌詞は1から10まで存在し、紅だすきの機織り娘の淡い恋と、その成就までが描かれています。

　当時、中山と八王子芸者の三吉、そして織物組合幹部3名が、大垂水峠の料理屋で永井のおりゃせの詞に節を付けていきました。これが昭和4年春の夜のこと。三吉は三味線を弾いて譜をとり、振付は芸妓組合長の糸丸らとともに水谷八重子のところへ出向いて、徹夜で完成させたといいます。作られるべくして作られた、歴史的経緯が明確になっている民謡です。

　なお、市制100周年の前年の八王子まつりでは、最多人数による盆踊りでギネスに挑戦し、見事にクリアしています。

まつり 8

⑭⓪ 八幡八雲神社祭礼　昭和34年

（八王子市役所発行）

⑭① 八幡八雲神社遷宮大祭
　　南新町の仮装と山車　大正２年７月

⑭② 第１回八王子七夕祭り　昭和35年７月

（八王子市役所発行）

⑭③ 第１回八王子いちょう祭り　昭和54年

「八王子いちょう祭り」（長房町）　　昭和54年（1979年）提供・いちょう祭り祭典委員会さん

　⑭⓪は八王子まつりの前身、昭和34年（1959）の八幡八雲神社祭礼の様子。口絵も参照のこと。

　⑭①は明治30年（1897）の大火にてお宮を焼失したのち、大正２年（1913）７月に新たに建造した遷宮記念に、山車や仮装行列で盛大な賑わいを見せたときのもので、記念写真帖や絵葉書で当時を顧みることが可能です。南新町の山車は欄間仕立てのため、上部の横側に提灯が並ぶ現在の八王子の山車では見ることがない、珍しい「江戸型の山車」です。各町会によって仮装行列の姿が違い、南新町は子どもが魚型の帽子をかぶって魚行列になり、中心の２列には大ダルマの仮装行列が進み、大変に賑わいました。昭和８年（1933）に新たに山車を建造したため売却されています。

　⑭②は、昭和35年（1960）７月８日、第１回八王子七夕祭り。これに合わせ、装飾コンクールが八王子商店連盟主催にて開催されました。

　毎年11月中旬、いちょうの葉が黄色に輝くころに行われるのが⑭③の八王子いちょう祭りです。追分交差点から小仏関所まで12か所の関所を巡り、毎年デザインの異なる干支の入った木札に焼印を押してもらうオリエンテーリングが好評。沿道の商店や住宅も手作りの品物や生活雑貨などを販売、フリーマーケットも楽しめる２日間で、八王子まつりに次ぐビッグイベントとして定着しています。

まつり 8

絵葉書でみる　八王子市の100年

⑭ 東京オリンピック　昭和39年

謹んで新年の
御祝詞を申し上げます

昭和三十九年元旦

八王子市長　植竹圓次
助役　峯尾芳雄
収入役　青木亀寿

高まる
オリンピックムード

オリンピック東京大会の自転車競技はことし十月、八王子市を中心に行われることになり現在その準備が着々進められています。
写真は本大会の予行演習ともいえる東京国際スポーツ大会（昨年十月八王子市で開催）自転車ロードレースで優勝したフランスチームと、二位、三位に入った日本チームです。

（八王子市役所発行年賀状）

織物の八王子タワー概要
・設計　白石 寿二氏（速達運輸社長）
・高さ　約11.5m
・池　直径約14m
・本体　鉄筋コンクリート製
・書　木村 悦郎氏（八王子市本町出身）

⑭ 東京オリンピック　昭和39年

「東京オリンピック」

昭和39年（1964年）　旭町　提供・清水英雄さん

　昭和36年（1961）2月8日、東京オリンピック組織委員会は、自転車のロードレースを八王子で開催すると決定。以来、⑭の八王子市発行の年賀状絵葉書にもあるように、オリンピック機運を盛り上げるため、「オリンピックの集い」「第4回八王子市民祭（後の八王子まつり）」「第1回いちょうまつり」（昭和54年からのいちょうまつりとは別物）」などのイベントや道路整備を行いました。
　現在の追分交差点から明神町の北に延びる道路（北大通り）は、オリンピック道路としてロードレースが行われた記念すべき八王子市道です。現在の陵南公園に建設された競技場でトラック競技が行われ、大勢の観客によって賑わいました。
　⑭の絵葉書は、オリンピックの年に撮影された八王子駅北口のシンボルタワーが写っています。日の丸と五輪マークに挟まれたこの塔は、昭和35年7月、前年に改称された八王子織物産地買継商業組合が中心となり、ネオン塔建設委員会を設立して、各団体の協賛を取り付けて完成しました。昭和37年に八王子市に寄贈されています。
　ろうそくをデザインした逆円錐形の塔の上部には八王子市章の「八王」が冠され、赤枠色で「織物の八王子」と記されていました。四方から噴き出す噴水は「糸」を表し、ネオン塔を伝わって落ちる水は「織物」を表していました。噴水の周囲の花壇はいつも綺麗に整備され、まさに街の顔でした。
　平成7年（1995）11月、駅北口再開発により惜しまれつつも撤去されています。

年表　　　　　　　　　　　　　　　八王子地域文化の再発見

八王子市100年略年表（大正6年〜平成29年、1917年〜2017年）

和暦	西暦	月	主なできごと
大正6	1917	9	1日、市制施行、東京府で東京市に次ぐ2番目の市制施行（戸数6904戸、人口40,733人）
		12	22日、現在の市章制定
大正7	1918	7	八王子商業会議所建物新築。米騒動、全国に波及
大正9	1920	7	八王子織物同業組合事務所落成（八日町）
大正12	1923	3	暁橋（木橋）が完成
		4	南多摩郡役所廃止
		7	中村雨紅が「夕焼小焼」を発表
		9	関東大震災起こる（死者15名、行方不明5名、建物損壊37件）
大正14	1925	3	玉南電気鉄道、東八王子（現・京王八王子）―府中間開通
		5	この頃、中野前田地区にて草競馬が行われる
大正15	1926	10	1日、市制施行10周年記念祝賀式を市立尋常高等小学校（現・七小）校庭で開催
		12	4日、京王電気軌道㈱は、玉南電気鉄道㈱との合併により、東八王子―新宿間の運転開始。25日、大正天皇崩御、昭和と改元。御陵が横山村大字下長房字龍ケ谷戸（現・長房町）に決定
昭和2	1927	1	高尾電気鉄道（現・高尾登山鉄道）開通。多摩御陵造営を記念して甲州街道追分からいちょうの木が植えられる。1月31日、東浅川宮廷駅（仮駅）設置
		3	金融恐慌始まる。26日、府立染織試験場（旧・都立繊維工業試験場）設立
昭和3	1928	1	八王子商業会議所から八王子商工会議所へ名称変更
		4	府立染織試験場開場
		5	京王線、新宿―東八王子間直通運転
		9	八王子市上水道工事竣工。元本郷の浄水場から給水開始。多摩八王子競馬会が第1回多摩八王子競馬を開催する。4日、大和田橋が鉄筋コンクリート製へ改修
昭和4	1929	10	ニューヨーク株式大暴落、世界恐慌始まる
昭和5	1930	1	金輸出解禁実施、金本位制に復帰
昭和6	1931	4	中央本線、浅川―甲府間電化完成。萩原橋（コンクリート製）が完成
		9	満州事変
		12	八高線の八王子―東飯能間完成、小宮駅開業
昭和7	1932	3	10日、八王子商工会議所新築落成
昭和9	1934	4	八王子輸出織物工業組合設立
		9	西中野の競馬場が高倉へ移転
		10	小宮町町制施行、八高線の八王子―高崎間全線開通
昭和11	1936	10	市制施行20周年記念祝賀式が行われる。先立つ9月には、八王子市歌制定（作詞・北原白秋、作曲・山田耕筰）
昭和12	1937	7	日中戦争勃発
昭和13	1938	2	繊維工業設備に関する件公布
		4	国家総動員法公布
昭和14	1939	6	武蔵中央電気鉄道電車廃止

絵葉書でみる 八王子市の100年　年表

和暦	西暦	月	主なできごと
昭和16	1941	10	小宮町は八王子市へ編入
		12	太平洋戦争始まる
昭和17	1942	2	衣料に点数切符制実施
		3	八王子初の空襲警報
昭和18	1943	7	東京府は東京市を廃止し東京都制施行。中野町に日本機械工業㈱八王子工場新設（昭和30年代まで片倉工業と併存）
昭和19	1944	10	「生活必需品配給委員会（仮称）」設置
昭和20	1945	8	2日未明、米軍爆撃機B29（169機）による2時間にわたる空襲、市街地の約90%が焼失、焼け野原となる。市役所焼失のため、小宮出張所が仮庁舎となる。15日、ポツダム宣言受諾、戦争終結。24日、八高線多摩川鉄橋列車衝突事故（死者101名）
昭和21	1946	11	日本国憲法公布（昭和22年5月施行）
昭和22	1947		八王子機業好景気、"ガチャ万時代"到来
昭和23	1948	12	第1回八王子駅伝競走大会を開催
昭和24	1949	3	東京競馬連合会による初の市営八王子競馬が開催。八王子電報電話局を開設（電気通信省設置に伴い八王子郵便局から分離）。八王子繊維工業協同組合創立（織物工業協同組合から分離）
昭和25	1950	6	7日、大井競馬場で初の八王子市営競馬開催
		12	1日、八王子市教育委員会発足
昭和26	1951	2	11日、第1回八王子駅伝競走全関東大会を開催。22日、三多摩初の小学校完全給食を実施
		3	26日、市役所新庁舎が本町に開設（後のいちょうホール）
		4	10日、八王子市広報「はちおうじ」創刊
昭和28	1953	9	19日、八王子郵便局が旭町の駅前大通りに完成
昭和29	1954	4	10日、八王子繊維貿易館が八幡町に完成。横山町の甲州街道にアーケードが出来る
昭和30	1955	4	1日、横山村、元八王子村、恩方村、川口村、加住村、由井村を編入、八王子市に。暁橋がコンクリート製となる
		7	5日、市立小学校PTA連合会結成
昭和31	1956	10	市制40周年記念、『市制要覧』発行。富士森公園に桜約100本が植樹される
昭和32	1957	2	5日、八王子観光協会設立
		11	長崎屋八王子店が八幡町に開店（昭和44年、中町へ移転）。27日、横浜線八王子―相原駅間の片倉信号所に片倉駅開業
昭和33	1958	4	12日、追分町の商店街に都下初の水銀街路灯が完成
昭和34	1959	4	浅川町合併
		6	北八王子駅開設
昭和35	1960	3	27日、八王子千人同心記念碑が追分町の屋敷跡に建立
		7	八王子織物買継商組合が「織物の八王子」織物タワー塔を八王子駅北口に設置。8日、第1回八王子七夕祭り装飾コンクール開催
		12	八王子市初の百貨店まるき百貨店開業
昭和36	1961	2	東京オリンピック組織委員会は自転車ロードレースを八王子コースに決定
		3	国鉄浅川駅が高尾駅と改称
		8	「三万人の夕涼み」第1回八王子市民祭が富士森市民球場にて開催

年表

八王子地域文化の再発見

和暦	西暦	月	主なできごと
昭和37	1962	2	子安神社、社殿再建される。八王子市町会総連合会（会長・小澤治郎）発足
		7	七夕商業祭が初めて行われる
		8	都立八王子生活館が大横町に開館
		10	八王子市民会館・八王子市公民館が上野町に開館
昭和38	1963	1	浅川橋拡幅
		4	市内初の大学、工学院大学八王子校舎が中野町に開校
		6	陵南会館落成（旧東浅川仮駅の払い下げを市が受けて増改築）
		7	『八王子市史　上巻』完成
		10	高尾バス・奥多摩バス・五王バスが合併し、西東京バス発足
		12	東八王子駅が移転し、京王八王子駅と改称
昭和39	1964	7	八王子市道の甲州街道バイパス（大和田町―追分町）開通
		8	由木村編入、八王子市となる
		10	東京オリンピック大会開催。多摩御陵周辺、八王子市内は自転車競技主要会場となり、陵南会館広場に元横山町の山車が展示、囃子が演奏される
昭和40	1965	4	小門町産千代稲荷神社境内に「大久保石見守長安陣屋跡」の碑完成
		12	八王子商工会議所が本町から現在の大横町へ新築移転
昭和41	1966	12	市制50周年記念『市勢要覧』発行
昭和42	1967	4	1日、東京都高尾自然科学博物館が高尾町に開館。同日、八王子市郷土資料館が上野町に開館。同日、市立四中が気象庁東京管区気象台八王子観測所に指定。3日、甲州街道追分町に八王子市初の横断歩道橋完成
		10	京王高尾線（北野―高尾山口）開通
		12	11日、明治100年を記念して高尾山一帯が明治の森高尾国定公園に指定。中央自動車道（調布―八王子間）開通
昭和43	1968	1	12日、市営大井競馬として最後の市営競馬開催
		2	1日、『市史附編』を発行
		7	27日、第8回八王子市民祭が「八王子まつり」と改称。山車神輿初参加
		11	甲府の大手百貨店、岡島百貨店八王子店がまるき百貨店後に出店。1日、明治の森高尾国定公園開園
		12	20日、中央自動車道八王子―相模湖間開通
昭和44	1969	9	28日、陣馬山山頂に「白馬の像」除幕式
昭和47	1972	9	日本国有鉄道100周年記念の八高線が小宮―拝島間で高崎方面へ進行
昭和48	1973	4	5日、浅川大橋完成
		8	10日、北海道苫小牧市と姉妹都市締結
		9	3日、国道開放は全国でも銀座についで2番目で、甲州街道で多摩地域初の休日歩行者天国実施（昭和52年まで）
昭和49	1974	4	人口が30万人突破。1日、栃木県日光市と姉妹都市盟約を締結
昭和51	1976	5	多摩ニュータウン八王子地区入居開始
		10	1日、市制60周年を記念して市の木「いちょう」、市の花「やまゆり」選定
昭和52	1977	11	八王子郵便局（本局）が駅前から現在の大和田町に新築移転
昭和54	1979	11	第1回八王子いちょうまつり開催

絵葉書でみる　八王子市の100年　　年表

和暦	西暦	月	主なできごと
昭和58	1983	11	八王子ターミナルビル（駅ビル）が完成し、そごう出店、駅ビル「ナウ」開業。現在の元本郷町に市役所新庁舎完成。人口40万人突破
昭和59	1984	8	1日、財団法人八王子コミュニティ振興会発足
昭和60	1985	1	27日、八王子市中央図書館開館
		4	1日、八王子千人同心史の編纂事業開始
		10	国道16号八王子バイパス全通
昭和61	1986	6	国土交通省より業務核都市に指定
昭和64	1989	1	7日、昭和天皇崩御、翌8日、平成と改元
平成2	1990	5	萩原橋架け替え
		8	開市400年記念。八王子まつりパレードでは、波多野重雄市長が北条氏照公役となり騎馬出発、以後、行列スタイル定着
平成3	1991	10	1日、市制75周年を記念して、市の鳥「おおるり」選定
平成6	1994	10	八王子商工会議所100周年。1日、旧市役所跡に八王子市芸術文化会館「いちょうホール」開館
平成7	1995	11	人口50万人突破。2日、八王子ニュータウンは「八王子みなみ野シティ」に正式名称決定
平成8	1996	3	16日、八高線八王子―高麗川間が電化
		10	市制80周年記念式典。夕焼け小焼けふれあいの里開業
平成9	1997	4	1日、八王子みなみ野駅開業、八王子東急スクエア開業、市営旭町駐車場開業、マルベリーブリッジ新設
		10	八王子市北野余熱利用センター「あったかホール」開業
平成11	1999	10	生涯学習センター「クリエイトホール」開館
平成12	2000	1	10日、多摩センター―立川北間開通により多摩都市モノレール全線開業
平成14	2002	4	3団体の事業継承とともに、財団法人八王子市学園都市文化ふれあい財団を設立
平成15	2003	10	18日、八王子市夢美術館開館
平成18	2006	4	道の駅「八王子滝山」開業
		8	市制90周年記念八王子まつり開催、かわら版発行
平成19	2007	4	東京都で初めての保健所政令市に指定
平成22	2010	12	1日、多摩地区最高層41階建て「サザンスカイタワー八王子」開業
平成23	2011	3	11日、東日本大震災、八王子も被害受ける
平成24	2012	1	31日、八王子そごう閉店
平成25	2013	4	25日、八王子総代官大久保石見守長安没後400年帰幽祭を催行
平成26	2014	10	1日、狭間駅前に八王子市総合体育館「エスフォルタアリーナ八王子」開業
平成27	2015	4	1日、東京都で初めての中核市に指定
		8	11日、「TAKAO599 MUSEUM」開館
平成28	2016	4	信松院開基松姫没後400年祭を催行
		8	6日、八王子まつりの民謡流し「太陽おどり」でギネス世界記録に挑戦、「Largest Bon Dance 踊る盆踊り」に登録
		10	1日、埼玉県寄居町、神奈川県小田原市と姉妹都市盟約を締結
平成29	2017	6	八王子最大級の大型複合商業施設「イーアス（iias）高尾」開業
		8	八王子まつり市制100周年記念「山車総覧」開催、かわら版発行。八王子警察署移転
		10	市制100周年記念式典開催。第34回花と緑の都市緑化フェア開催（9月16日～10月15日）

●参考文献

『本堂再建大勧進帖』武州八王子大善寺、明治20年（1887）
『汽車旅行　甲斐廼手引』編纂者兼発行人 佐野通正、明治36年（1903）
『武蔵文庫百家明鑑』小幡宗海編武蔵文庫編纂発行所、明治43年（1910）
『八王子を中心とせる郷土偉人伝』清水庫之祐、大正10年（1921）
『八王子郷土資料　八王子教育特集号』八王子市教育會、昭和7年（1932）
『八王子郷土読本　前編』八王子市教育會、昭和12年（1937）
『大井競馬実施一周年記念』東京都、昭和26年（1951）
『八王子教育史』山口邦教編、昭和29年（1954）
『電車の歴史』京王多摩文化会編、昭和31年（1956）
『多摩歴史散歩①』佐藤孝太郎著・清水正之編、昭和48年（1973）
『浅川小学校百年のあゆみ』浅川小学校百年祭協賛会編、昭和49年（1974）
『多摩の光――三多摩の電気史――』多摩電力協会編、昭和51年（1976）
『元八王子の歴史』井上幸太郎編、昭和53年（1978）
『わが町の歴史　八王子』村上直・沼謙吉編、昭和54年（1979）
『八王子電報電話局のあゆみ』日本電信電話公社八王子電報電話局、昭和54年（1979）
『写真でつづる八王子の歴史』八王子市郷土資料館、昭和55年（1980）
『八王子市史　上巻』八王子市史編さん委員会編、昭和38年初版、昭和55年再版（1980）
『八王子市史　下巻』八王子市史編さん委員会編、昭和38年初版、昭和55年再版（1980）
『八王子市史　附編』八王子市史編さん委員会編、昭和38年初版、昭和55年再版（1980）
『ふるさと八王子』八王子市企画部広報課広報係、昭和55年（1980）
『多摩の地名語源考』鈴木樹造、昭和55年（1980）
『八王子城展』八王子城展実行委員会、昭和58年（1983）
『いにしえのふれあい――八王子の昔話――』元横山町第五自治会事務部編、昭和59年（1984）
『八王子の空襲と戦災の記録（総説編）』八王子市教育委員会、昭和60年（1985）
『八王子の曳山彫刻』相原悦夫、昭和61年（1986）
『町制75周年　追分町のあゆみ』追分町会編、昭和63年（1988）
『八王子市議会史　年表編』東京都八王子市議会編、昭和63年（1988）
『あれから五十年　小宮町合併五十周年記念誌』平成3年（1991）
『八王子商工会議所創立100年の歩み』八王子商工会議所、平成6年（1994）
『八王子の民俗』佐藤広、平成7年（1995）
『八王子市政八十年史　歴代市長の足跡』波多野重雄、平成8年（1996）
『八幡町一、二丁目町会　町会誌』八幡町一、二丁目町会編、平成9年（1997）
『戦前覚え書　亡父哲夫のノート・まるき関係葉書資料』村松哲夫作、平成9年（1997）
『セピア色の風景』八王子市郷土資料館、平成10年（1998）
『八王子織物工業組合100年のあゆみ』八王子織物工業組合、平成11年（1994）
『多摩　幻の鉄道　廃線跡を行く』山田俊明、平成11年（1999）
『八王子の二十世紀』八王子市郷土資料館、平成13年（2001）
『年表に見る八王子の近現代史　明治元年～平成12年』松岡喬一、平成13年（2001）
『財団法人大学セミナー・ハウス開館40周年記念誌』中嶋嶺雄編、平成17年（2005）
『八王子みなみ野シティ　まちづくりのあゆみ』ＵＲ都市機構、平成20年（2008）

『八王子市水道八十年のあゆみ』八王子市水道部、平成20年（2008）
『三条の舟』三条町並探検隊、平成24年（2012）
『武相近代史論集──八王子・津久井を中心に──』沼謙吉、平成25年（2013）
『新八王子市史　資料編6　近現代2』八王子市史編集委員会、平成26年（2014）
『郷土へのまなざし──「史跡」・「聖蹟」と八王子──』八王子市郷土資料館、平成28年（2016）
『武蔵陵墓地』宮内庁多摩陵墓監区事務所、平成29年（2017）
『新八王子市史　通史編4　近世（下）』八王子市史編集委員会、平成29年（2017）
『新八王子市史　通史編6　近現代（下）』八王子市史編集委員会、平成29年（2017）
『新八王子市史　民俗編』八王子市史編集委員会、平成29年（2017）
『市制百周年・開館五十周年記念特別展図録　八王子百年の彩り』八王子市郷土資料館、平成29年（2017）
『みころも公園　菅原道真公像　建立80周年記念誌』一般財団法人 高尾山自然公園協会、平成29年（2017）
※その他、企業ＨＰや数多くの書籍文献および史資料を参考とさせていただきました

● 絵葉書等蒐集寄贈者および協力者機関一覧（順不同・敬称略）

絵葉書等資料寄贈者：江藤　昇、久喜　宜、生田　誠、折原　勝、森村菫男、山田幸信
（個　人　協　力　者）：山田一眞、相原悦夫、佐藤　広、山下泰司、杉田　博、小俣能範、
　　　　　　　　　　　井上博正、山﨑領太郎、羽島知之、神宮武彦、内田裕之、平野　智
（協　力　機　関）：八王子市役所、八王子市郷土資料館、郵政博物館、日本絵葉書会、
　　　　　　　　　　桑都郵趣クラブ、金剛院仏教文化研究所、揺籃社
　此処に録して感謝申し上げます。

● 著作権などについて

　本書に含まれる写真・文章・図表の無断転載を禁止します。
　ここで用いている絵葉書は全て原本をデータ化し、内容に関する著作権は村松英二に属します。
　ここに掲載する文章は、平成23年（2011）に菩提寺の金剛院で開催した展覧会での図録「古絵葉書にみる八王子の歴史」を原点とし、新事実と新たに公共性の高い絵葉書を採り入れ、八王子市市制100周年をふり返るに相応しい形にするべく、大幅に加筆・修正したものです。
　画像の汚れが著しいなどの理由で画像を一部加工しているものがあります。

● お願い

　今後も八王子の歴史を研究、執筆、さらに新たな発見を継続していくために歴史資料を探しています。絵葉書の所在はもちろん、ご先祖や先代が残された八王子に関する歴史的資料・古写真（人物・風景）、新聞や切り抜き、チラシ広告、メモ、書籍、直筆ノートといった紙資料や記念品など、お心当たりの方は処分をご検討する前に、ぜひ遠慮なく、TEL 042-625-5523（村松）までご連絡ください。

あとがき

「絵葉書は時代を知る歴史資料であり、"キャプション"と裏面変遷史を両面でみることが極めて重要‼」

遡ること平成23年（2011）9月に、菩提寺金剛院にて展示会を開催し、図録を作成しました。今回はそれを大幅に改訂、バージョンアップした形で、主に大正初年から平成29年までに発行された八王子関係絵葉書を中心に掲載してあります。八王子の100年の"ひととき"ではありますが、歴史を振り返る資料としてご高覧いただけましたら幸いに思います。なお、鉄道関係絵葉書には、参考のため、沿線詳細地図を抜粋して併載しています。

当初の出版計画では、八王子市制100周年記念の平成29年発行を目指し、"絵葉書の集成本を作り、地域に残していく"との意気込みで取り組んでまいりました。結果的に八王子市制100年を見送り、顧みる形となりましたが、その分、充実した内容に仕上がったと思います。まだまだ書き足らない点や至らない点も多いのですが、皆様方のご意見・ご感想などをいただけましたら幸いです。

さて、執筆してみると様々な課題が見えてきました。

文化資料は地域の歴史を振り返り、先人の足跡を知る上で必要不可欠で、その残されるべくして残された資料から読み解く中では、記述には正確さが求められます。執筆していますと、数多くの歴史資料や文献書籍が必要となります。そういった点で、個人宅にある"貴重な史資料を捨ててはいけない"ことを痛感しています。誰にも故郷（ふるさと）があります。生まれ育った郷土地域を忘れることができないのと同じで、地域史的視点でも、時代を振り返る時に必ずや歴史資料は役立ち、光が当たることがあるのです。高齢の方が亡くなり、世代が替わると、価値の有無にかかわらず"文化的歴史資料"が捨てられている現実を見聞きしますが、残念でなりません。

八王子地域の絵葉書のみでみても膨大な数の発行がなされており、未だにみたことのない絵葉書が散見され、今となっては原本喪失に伴い絵葉書のみでしか確認することができないものも中には存在しています。その点でみれば、大変貴重な歴史資料として考えてよろしかろうと思います。

一方、ITデジタルを駆使した社会である今、郵便事情で活字の情報が相手に伝わるまでに数日要していたものが、世界各国どの地域にいても、メディア発信の環境が備わっていれば、メールやラインによって瞬時に手軽にやり取りできる時代となりました。IT技術を駆使し、古文書のような、和紙などの古記録を"原本保存"していくのは当然で、イノベーション（技術革新）によって解読することで、文字資料をデジタル画像資料として保全し、さらに活用化へと転換していく時代が、私設・公設に限らずもうすぐそこに来ています。

そういった点を鑑みれば、今残されている歴史資料を保全し、大切にしてゆかねばならないと同時に、異なる角度で歴史資料の散逸を防ぎ、死蔵や、廃棄されて焼却の運命にある"モノ"を極力救い出し、絵葉書などで歴史を編み、地域をまとめて残すことなど、地域に残された多くの歴史資料を活用していくことも重要なテーマであると考えています。本書を、文化の香り高い"八王子地域文化の再発見"を垣間見る一助としてご活用願えたら幸甚です。若い世代から老若男女にご高覧いただき、八王子において歴史的にどのような変遷があり、"まちづくり"が行われてきたかを知ってもらえたらと思います。

今回は残念なことに、テーマから外れてしまうため、明治期の古き良き"いにしえ"時代を掲載することができませんでした。これらの課題を次に生かすべく、今後も新発見資料の蒐集、そして記述に頑張ってまいる所存です。そのためにも多くの資料が不可欠です。是非ともご理解とご協力のほど、宜しくお願い申し上げます。

最後になりましたが、揺籃社のご担当であります山﨑領太郎氏にお骨折りいただいたことを、ここに録して深謝申し上げます。市民の方々をはじめ、多くの人々の手に本書が渡り、お手元に置いていただけるよう祈念して、筆を置くことといたします。

市制100年を終え、時代を顧みる月　平成30年3月末日　　　　　　　　　　　　　　　　筆　者

著者略歴

村松　英二（むらまつ　えいじ）

昭和54年（1979）10月、八王子市に生まれる。
平成15年（2003）、大学で法律学を専門に学び、卒業と同時に学芸員資格取得。中堅金融会社退職後、現在、企業外交業。
知のミュージアム　多摩・武蔵野検定マスター1級保持。錦鯉愛好家

八王子地域史研究および歴史資料収集家。
亡父の影響により、小学生時代から、八王子地域の山や自然、歴史にふれて以来、30余年が経つ。

・近年の地域社会活動略歴
　八王子市市史編さん審議会委員（平成20年6月～平成23年6月）
　菩提寺高野山真言宗別格本山「金剛院」にて「古絵葉書にみる八王子の歴史」絵葉書展開催（平成23年9月）
　東京造形大学プロジェクト展「風景の地層　甲州街道の八王子商店街」に古写真展示参考資料協力等（平成27年12月）
　八木町町会郡長（平成20年～現在）、八木町町会広報部長、八王子まつり八木町（多賀神社）祭礼部長
　八王子笠間講会計
　八王子山車まつり研究会会員
　日本絵葉書会会員

・著作歴
　『八王子市内の古代遺跡・城址・古戦場めぐり』（平成2年）八王子市特別賞受賞
　『八王子の銭湯マップ』（平成3年）八王子市特別賞受賞
　『八木町々会所有山車　大鷲修復記念』調査報告書（平成21年）
　『古絵葉書にみる八王子の歴史　記念図録　村松英二コレクション編』（平成23年9月）
　『揺れながら、清く　清水工房創業45周年・揺籃社設立30周年記念文集』寄稿（平成26年7月）
　『八王子市の昭和』コラム・キャプション執筆等（平成27年5月）
　『市制100周年記念 八王子まつり かわら版』15万部発行　資料提供等協力（平成29年7月）

〈村松英二コレクション〉
絵葉書でみる八王子市の100年
――八王子地域文化の再発見――

平成30年（2018）3月20日　印刷
平成30年（2018）3月31日　発行

編　著　村松　英二
　　　　〒192-0055　東京都八王子市八木町8-10
　　　　TEL 042-625-5523

発　行　揺　籃　社
　　　　〒192-0056　東京都八王子市追分町10-4-101
　　　　TEL 042-620-2626

ISBN978-4-89708-397-1 C0021　　乱丁本はお取り替えいたします